Hermann Klenner

Rechtsleere

Verurteilung der Reinen Rechtslehre

ZUR KRITIK 14
DER BÜRGERLICHEN
IDEOLOGIE

HERAUSGEGEBEN VON MANFRED BUHR

HERMANN KLENNER

Rechtsleere – Verurteilung der Reinen Rechtslehre

AKADEMIE-VERLAG
BERLIN
1972

Wilhelm Raimund Beyer

zum Siebzigsten

„... bürgerliche oder sozialistische Ideologie. Ein Mittelding gibt es hier nicht (denn eine ‚dritte' Ideologie hat die Menschheit nicht geschaffen, wie es überhaupt ... niemals eine außerhalb der Klassen und über den Klassen stehende Ideologie geben kann). Darum bedeutet *jede* Herabminderung der sozialistischen Ideologie, jedes *Abschwenken* von ihr zugleich eine Stärkung der bürgerlichen Ideologie."

Lenin

Vorbemerkung

Der revolutionäre Charakter des Marxismus-Leninismus als einer Wissenschaft des Kampfes, *des Klassenkampfes*, impliziert die kontinuierlich geführte prinzipielle Auseinandersetzung mit allen Erscheinungsformen der bürgerlichen und revisionistischen Ideologie. So gesehen, ist der *ideologische Klassenkampf* ein unabdingbarer Bestandteil der im *Kommunistischen Manifest* wissenschaftlich begründeten welthistorischen Mission des Proletariats. Der Kampf der Arbeiterklasse unter Führung ihrer marxistisch-leninistischen Partei verlangt dergestalt zur Durchführung der sozialistischen Revolution, zur Errichtung ihrer politischen Herrschaft, der Diktatur des Proletariats, und zur erfolgreichen Gestaltung der sozialistischen und kommunistischen Gesellschaft nicht nur die politische und ökonomische, sondern ebensosehr die konsequente ideologische und theoretische Entmachtung der Bourgeoisie.

Anliegen der Reihe *Zur Kritik der bürgerlichen Ideologie* ist es deshalb, die verschiedenen Erscheinungsformen der bürgerlichen und revisionistischen Ideologie der kritischen, das heißt der marxistisch-leninistischen Analyse zu unterziehen und in diesem Prozeß die prinzipiellen Positionen des Marxismus-Leninismus zu festigen. In sie wurde die kritische, die historischen Grenzen markierende Behandlung des humanistischen ideologischen Erbes der progressiven Bourgeoisie einbezogen, um die Tendenz seiner Verwirklichung, seiner Weiter- und Höherentwicklung im Prozeß der Gestaltung der sozialistischen Gesellschaft aufzuweisen und es gegen seine falschen Nachkommen, die Ideologen der imperialistischen Bourgeoisie, zu verteidigen.

Bei der Durchführung des Anliegens der Reihe sind sich Autoren und Herausgeber der optimistischen Mahnung von *Marx* bewußt:

„Die Arbeiterklasse verlangt keine Wunder ... Sie hat keine fix und fertigen Utopien ... Sie weiß, daß, um ihre eigne Befreiung und mit ihr jene höhere Lebensform hervorzuarbeiten ..., daß sie, die Arbeiterklasse, lange Kämpfe, eine ganze Reihe geschichtlicher Prozesse durchzumachen hat, durch welche die Menschen wie die Umstände gänzlich umgewandelt werden. Sie hat keine Ideale zu verwirklichen."

Und: „Im vollen Bewußtsein ihrer geschichtlichen Tendenz und mit dem Heldenentschluß, ihrer würdig zu handeln, kann die Arbeiterklasse sich begnügen, zu *lächeln* gegenüber den plumpen Schimpfereien der Lakaien von der Presse wie gegenüber der lehrhaften Protektion wohlmeinender Bourgeoisiedoktrinäre, die ihre unwissenden Gemeinplätze und Sektierermarotten im Orakelton wissenschaftlicher Unfehlbarkeit abpredigen."

Manfred Buhr

Inhalt

1. Zur Themenstellung

In der positiven Philosophie erscheint die Verkehrtheit als solche.

Karl Marx

Solange die menschliche Gesellschaft in Klassen gegensätzlicher Stellung zu den Produktionsmitteln gespalten ist, wird die gesellschaftliche Wahrheit durch eine Meinungsauseinandersetzung vorangebracht, die den Kampf progressiver gegen reaktionäre Klassen widerspiegelt.

Marxisten haben nie einen Hehl aus ihrem Gegensatz zu den Auffassungen der bürgerlichen Gesellschaftswissenschaftler in allen grundlegenden Fragen gemacht. Und seitdem die Arbeiterbewegung den wesentlichen Gang der Geschichte gestaltet, hat der Marxismus-Leninismus als erklärtes Angriffsziel der amtlichen Philosophie des Bürgertums gedient. Soweit so gut.

In unserer Zeit aber, da das europäische „Gespenst" des vergangenen Jahrhunderts da und dort und dort auf dem Erdball die Herrschaft angetreten hat, da gleichzeitig in vielen bürgerlichen Ländern revolutionär gesonnene Kräfte das gesellschaftliche Leben politisiert haben und in der dritten Welt die nationale Befreiungsbewegung das koloniale Joch abschüttelt, erhofft sich der längst in eine allgemeine Krise geratene Kapitalismus viel von Theorien, die überparteilich aussehen. Gibt es doch Situationen, in denen die angeblich Klassenneutralen — ob sie es nun wissen oder nicht — politische Geschäfte mit mehr Aussicht auf Erfolg besorgen als ihre Bundesgenossen vom offenen Visier.

Das gilt ganz besonders für die Rechtsphilosophie, zu deren Untersuchungsgegenstand unvermittelt politische Phänomene, ja die wichtigsten Machtinstrumente der jeweils herrschenden Klasse überhaupt gehören. Um so erforderlicher ist es daher hier, denjenigen auf die Finger zu sehen (und zu klopfen), die auf eine ihrer Theorie angeblich innewohnende Klassen- und Gesellschaftsneutralität pochen. Dazu gehören die rechtsphilosophischen Positivisten. Ihre scheinbar unpolitische, die Fronten verwischende Theorie, die sich selbst als antiideologisch, weil angeblich keinerlei Klasseninteressen ausdrückend, bezeichnet,[1] die vorgibt, weder revolutionär noch reaktionär zu sein, weil sie es ablehne, irgendein Recht zu bewerten, bedarf einer aufmerksamen Überprüfung. Und dies um so mehr, als sich die positivistische Rechtsphilosophie für das endgültig letzte Wort der rechtswissenschaftlichen Grundlagenforschung ausgibt: über den Positivismus hinauszugehen sei wissenschaftlich schlechthin unmöglich.[2]

Nun ist in der Tat an der letzterwähnten Selbsteinschätzung soviel schon wahr, daß die Rechtsphilosophen einer regierenden Bourgeoisie auf die positivistische Denkweise nicht zu verzichten vermochten, so oft diese auch — und wirklich nicht immer mit feinen Argumenten — angegriffen wurde. Wir werden noch sehen, daß sich hinter der *subjektiven Gegnerschaft* zwischen den rechtsphilosophischen Positivisten und ihren naturrechtlichen, aber auch pragmatischen Kollegen von derselben Fakultät *objektiv* ein *arbeitsteiliges Operieren* gegen ein und denselben Gegner: die Arbeiterklasse, verbirgt.

Obschon die Annahme falsch ist, daß der rechtsphilosophische Positivismus die bürgerliche Rechtsphilosophie schlechthin sei — das würde zu einer Unterschätzung anderer Richtungen und Denkweisen führen, die sich zuweilen als wesentlich gefährlicher erwiesen haben[3] —, so muß doch beachtet werden, daß es sich bei ihm um eine Strömung mit Dauereffekt und -funktion handelt.

Andererseits ist genauso verfehlt wie die Unterstellung, daß alles bürgerliche Denken positivistisch sei, auch die gegenteilige Auffassung, daß nur der Positivismus positivistisch vorgehe: die Grenzen zwischen den verschiedenen bürgerlichen Strömungen der Neuzeit sind fließend, und bei vielen ihrer Autoren sind Anleihen beim Positivismus unverkennbar.

Was die Auseinandersetzung mit der rechtsphilosophischen Richtung des Positivismus vom Standpunkt einer marxistisch-leninistischen Rechtstheorie erforderlich macht, ist seine gesellschaftliche Funktion, seine Wirkung. Denn wiewohl sich der Positivismus für zeitlos und nicht sozial bedingt erklärt und sich indifferent zu seinen gesellschaftlichen Konsequenzen zu verhalten verspricht, ist er wie jede sozialen Erscheinungen gewidmete Theorie ideologischer Reflex bestimmter Klasseninteressen und besitzt eine nachweisbare Rückwirkung im Kampf der Klassen und Gesellschaftssysteme.

Die *Generalthese* des rechtsphilosophischen Positivismus lautet, daß *das Recht eine für sich existierende Ordnung geltender Zwangsnormen* sei, nach deren Wurzeln und Wirkungen zu forschen ein metajuristisches, ja metawissenschaftliches Anliegen sei. Der Positivismus hat einen negatorischen Aspekt, insofern er es ablehnt, nach den geschichtlichen oder sozialökonomischen Grundlagen der jeweiligen Rechtsordnung zu forschen und die Auswirkungen des Rechts zu untersuchen (er hält diese Aufgabe für juristisch irrelevant, für falsch gestellt oder für unlösbar). Er hat einen konstruktivistischen Aspekt, insofern er die deutende Betrachtung geltender Rechtsnormen samt logisch durchzuführender Operationen aus diesem angeblich einzigen Ausgangsmaterial rechtswissenschaftlicher Tätigkeit vorantrieb wie keine andere Richtung rechtsphilosophischen Denkens. Wir werden noch sehen, daß dieses Vorantreiben einem Ad-absurdum-Führen gleichkommt![4]

Natürlich hat diese Position Widerspruch und Widerlegung herausgefordert. Mit den Mitteln immanenter Kritik ist dargelegt worden, daß sich auf der Generalthese des Positivismus nur ein in sich widersprüchliches Gedankengebäude aufbauen läßt.[5]

Materialistisch-dialektische Kritik kann sich damit freilich nicht begnügen. Sie hat seit weit über einhundert Jahren nachgewiesen,[6] daß das Recht keine von der allgemeinen Gesellschaftsentwicklung unabhängige Geschichte hat. Seine Selbständigkeit kann immer nur relativ sein. Daher führt seine Herauslösung aus den gesamtgesellschaftlichen Wechselbeziehungen von Ökonomie — Politik — Ideologie (etwa zum Zweck seiner „sauberen" Analyse) unweigerlich zum Wesensverlust des Untersuchungsobjekts.

Das Recht ist nämlich ein Produkt der menschlichen Gesellschaft auf einer vorübergehenden Stufe ihrer Entwicklung, solange sie in Klassen gespalten ist. Als in dieser Gesellschaft geltendes System staatlich garantierter Verhaltensregeln widerspiegelt es objektiv-reale Verhältnisse, deren Regelung seine soziale Funktion ist. Sein Inhalt ergibt sich (direkt oder indirekt) aus den materiellen Lebensbedingungen der herrschenden Gesellschaftsklasse. Es befindet sich in einem Wechselverhältnis zur Ökonomik: einerseits bedingen — und erzwingen letztlich — die Produktionsverhältnisse ein ihnen gemäßes Recht, andererseits ist das Recht ein notwendiges Instrument zur Stabilisierung und Entwicklung dieser Verhältnisse.

Mit diesen von der Geschichte bestätigten Fundamentalthesen einer marxistisch-leninistischen Rechtstheorie ist zugleich die wissenschaftliche Unhaltbarkeit des Positivismus dargelegt worden, seine nur mit ihm selbst zu beseitigende Eigenschaft, die Wirklichkeit in allen wichtigen Beziehungen falsch widerzuspiegeln.

Positivistische Rechtsphilosophie ist Idealismus: sie bietet Betrachtungen, die das wirkliche Recht, wie es sich in der Geschichte der menschlichen Gesellschaft herausgebildet hat, wie es sich mit ihr evolutionär und revolutionär entwickelt, überhaupt nicht erreichen. Positivistische Rechtsphilosophie ist Metaphysik: sie bietet Betrachtungen, die das Recht von seinen Wurzeln und Wirkungen getrennt, gleichsam ungeboren und kastriert, das heißt aber, so wie es *nicht* ist, zum Wissenschaftsobjekt erklären. Positivistische Rechtsphilosophie lehrt ein gesellschaftsentfremdetes, inhaltloses, ein leeres Recht.

Materialistische Ideologiekritik hat sich nie darauf beschränkt, metaphysische und idealistische Theorien zu widerlegen. Da nicht nur das Recht selbst, sondern auch die ihm gewidmeten Rechtstheorien materielle Verhältnisse und Interessen ausdrücken, gibt es in der Ideologiegeschichte nicht nur *Gründe*, es gibt auch *Ursachen* zu untersuchen! Daher muß sich eine wissenschaftliche Beschäftigung mit Theorien auch auf den Nachweis ihrer sozialen Grundlage und Funktion, mit einem Wort: auf ihren Klassencharakter erstrecken. Materialistische Ideologiekritik führt zu Interessenkritik! Anders vorgehen hieße nur eine Symptomkritik zu liefern, die selbst symptomatisch wäre für verschleierungsbedürftige Interessen.

Gerade das käme aber der positivistischen Rechtstheorie entgegen. Ihr Anspruch, *mögliche* — und, wenn es wissenschaftlich zugeht, *notwendige* — Grundlage jeder Rechtsordnung zu sein, läuft mehr noch als auf eine Konvergenz auf eine Identität der rechtstheoretischen Grundlagen aller Gesellschaftssysteme hinaus. Wir haben es hier mit einer defensiv formulierten

Aggressionsthese zu tun. Jedenfalls ist von durchaus ernst zu nehmender Seite[7] das anerkannte Haupt der rechtsphilosophischen Positivisten von heute zum Baumeister des sowjetischen Rechtsdenkens erklärt worden, eine makabre Verdächtigung für die marxistisch-leninistische Rechtswissenschaft und -praxis. Auch kann der Behauptung[8], daß der rechtstheoretische Positivismus infolge seiner Absichtserklärung, rationale Methoden zur Verfügung zu stellen, ein potentieller Bundesgenosse des Marxismus in der Auseinandersetzung mit Klerikalismus und Irrationalismus sei, nicht zugestimmt werden. Nicht geleugnet werden soll dabei, daß von ihm tatsächlich Anregungen ausgingen, die bei einzelnen zu einer Abkehr von idealistischer Metaphysik beigetragen haben; ein Erfolg, der allerdings schon deshalb gegen die Absichten seiner unfreiwilligen Veranlasser zustande kam, weil diese ja selbst Metaphysiker und Idealisten sind. Die von einem ihrer maßgebenden Vertreter genährte Hoffnung der positivistischen Rechtsphilosophie,[9] daß sie ein Mittel der Annäherung der in den „Niederungen der vulgären Politik" sich bekämpfenden Nationen sei, hat allerdings eine nicht allzuschwer zu durchschauende Zielsetzung.

In Wirklichkeit ist der rechtsphilosophische Positivismus weder eine allgemeingültige, in den Marxismus integrierbare noch mit ihm zu verbündende oder gar ihn überwindende Rechtstheorie. Im Gegenteil: er wirkt als Legitimationstheorie der bürgerlichen Gesellschaft. Ungeachtet der Tatsache, daß er zu keiner Zeit *allen* Anforderungen des jeweiligen Kapitalismus an eine Rechtsphilosophie gerecht werden konnte (vorübergehend gab ihn die Bourgeoisie sogar als Prügelknaben preis!), war der rechtsphilosophische Positivismus in Deutschland seit seiner Entstehung in der Periode zwischen 1848 und 1871 antidemokratisch und antisozialistisch.

Es ist alles andere als Zufall, daß der meistgedruckte Autor unter den Juristen der westlichen Welt, dessen Bibliographie[10] über 600 Veröffentlichungen ausweist, die Tendenz seiner angeblich von aller Politik gereinigten rechtstheoretischen Darlegungen in regelmäßigen Abständen durch antikommunistische Schmähschriften verdeutlicht[11].

Aber nicht wegen des bei ihm *offenbaren* Zusammenhanges von Positivismus und Antikommunismus werden in den nachfolgenden Betrachtungen die Gedankengänge Hans Kelsens zum Objekt ideologiekritischer Untersuchungen gemacht. Schon eher, weil er allgemein für den konsequentesten unter den gegenwärtigen Positivisten in der Rechtstheorie gehalten wird.[12] Vor allem aber, weil der Schöpfer der ‚Reinen Rechtslehre' dem auf ihn gekommenen rechtsphilosophischen Positivismus jene Gestalt verlieh, die den internationalen Bedürfnissen des heutigen Kapitalismus entspricht. Das ist sein unzweifelhaftes Verdienst. Und daher auch der außergewöhnliche Segen an Lobsprüchen und Ehrungen.

Bereits 1934 bezeichnete Roscoe Pound, selbst einer der großen Meinungsmacher unter den Juristen Amerikas, Kelsen als den zweifellos führenden Juristen der Gegenwart.[13] Sein nahezu konkurrenzloser Einfluß auf die meisten Fakultäten Südamerikas ist ohne Beispiel.[14] In der Vollversammlung der Vereinten Nationen wurde er gelegentlich als Autorität vom Range eines Beweises zitiert.[15] Eine mexikanische philosophische Gesellschaft schlug ihn — allerdings erfolglos — zum Nobelpreis vor. Westdeutschlands Regierung verlieh dem elffachen Ehrendoktor, seit 1945 US-amerikanischer Staatsbürger, das Große Verdienstkreuz mit Stern, und in Wien und Salzburg glaubt man ernsthaft, daß über den in Prag geborenen Kelsen in Lateinamerika und Osteuropa — Österreich die Herrschaft ausübe![16]

So gewiß solche Huldigungen kein *Beweis* für Bedeutung und Kreativität sind, Bedeutungs*indiz* sind sie jedenfalls.

Nicht, daß man sich der trügerischen Hoffnung hingeben darf, daß mit einer Widerlegung der zentralen Thesen des Positivismus oder mit ihrer ideologiehistorischen Einordnung diese — wie irgendeine andere — Strömung rechtsphilosophischen Denkens beseitigt oder wirkungslos gemacht werden könne. Verhängnisvoll wäre die Selbsttäuschung, daß der Primärproduzent einer Ideologie — nicht ihr zufälliges Mundstück — durch Überzeugung aus dem Weg geräumt werden kann. Da aber Ideologien materielle Interessen nicht nur widerspiegeln, sondern sie auch durchsetzen helfen — sie orientieren oder desorientieren die Schöpfer der Geschichte —, gibt es sehr wohl einen relativ selbständigen Bereich (dessen Bandbreite übrigens Gesetzmäßigkeiten unterliegt und gegenwärtig zunimmt), in dem Ideologiekritik wirkungsvoll ist. Herweghs

„Nur der Blitz, der sie trifft, kann unsere Herren erleuchten/ Gute philosophi, steckt eure Laternchen doch ein" ist jedenfalls nicht als Aufforderung aufrechtzuerhalten, ideologische Auseinandersetzungen einzustellen.

Wenn auch eine philosophische Strömung nicht dadurch bedeutungslos wird, daß ihre Erkenntnisse als Irrtümer nachgewiesen worden sind, einem als interessiertes Vorurteil klassifizierten Urteilssystem sind doch Wirkungsgrenzen gesetzt, die die Chancen seiner tatsächlichen Aufhebung erhöhen.

Philosophisch gesehen, ist der Positivismus auch in seiner rechtstheoretischen Variante Vergangenheit. *Modern* kann in der durch die Oktoberrevolution eingeleiteten Epoche des weltweiten Übergangs vom Kapitalismus zum Sozialismus ohnehin nur eine Rechtstheorie sein, die diesen Prozeß aktiv widerspiegelt, die marxistisch-leninistische. Und die positivistische Rechtsphilosophie geht sogar noch weit hinter die Fragestellungen zurück, die das Bürgertum in seiner progressiven Phase aufwarf. Wenn daher der rechtsphilosophische Positivismus noch Gegenwart ist, traurige Gegenwart, so verdankt er das der gegenwärtigen Existenz des Kapitalismus. Seine Kritik kann folglich nur im Rahmen der weltweiten Auseinandersetzung zwischen Sozialismus und Imperialismus erfolgreich sein. Sie versteht sich daher als Beitrag im internationalen Klassenkampf der Arbeiterbewegung, in den sich einzuordnen die Einsicht in die objektiven Gesetzmäßigkeiten der Welt von heute gebietet.

2. Historisches

Die Geschichte des jeweils herrschenden rechtsphilosophischen Denkens im Deutschland des 19. Jahrhunderts zeigt folgende auffällige Bildverschiebung: Anfangs beherrschten naturrechtliche Systeme aufklärerischen Herkommens das Denken und den Büchermarkt; sodann entwickelte sich (teilweise in lautstarkem Kampf mit diesen Vernunftskonstruktionen und zeitlich ihren Geltungsbereich überlappend) die als Historische Rechtsschule bekannte einflußreiche Gruppe um Savigny; und schließlich wurde diese zweite Richtung von ihren eigenen, keineswegs mehr historisch argumentierenden Schülern in der zweiten Jahrhunderthälfte beiseite geschoben und eine neue bis auf den heutigen Tag agierende Richtung kreiert, die sich selbst Positivismus und in ihrem dann in diesem Jahrhundert erfolgten konsequenten Ausbau Reine Rechtslehre nennt.

Der Formierungsprozeß des juristischen Positivismus vollzog sich in Deutschland unmittelbar nach der Revolution von 1848 außergewöhnlich rasch. Er ist nicht an *einen* Namen geknüpft, eine breitgefächerte Galerie ganz Unterschiedlicher, was Herkommen und Stellung anlangt, hat zu seiner Entstehung beigetragen. Das allein deutet bereits darauf hin, daß er keine Professorenmarotte war: er drückte gesellschaftliche Bedürfnisse aus.

Zunächst nahm man endgültig Abschied vom Sonnenaufgang bürgerlich-revolutionärer Ideen. In seiner nicht zufällig dem preußischen König gewidmeten Universitätsrede von 1854 teilte Windscheid mit, daß der Traum des Naturrechts nun ausgeträumt sei und die titanenhaften Versuche der neueren Philosophie den Himmel nicht gestürmt hätten.[17] Während spätestens seit Grotius[18] das Naturrecht als Gebot der menschlichen Vernunft entwickelt wird, versichert Windscheid nun, daß es gar keine menschliche Vernunft gebe, sondern höchstens eine Vernunft *einzelner* Menschen.[19] Während Fichte — und er nicht allein — das Naturrecht als Bewertungsmaßstab für das jeweils gerade geltende (positive) Recht zu handhaben vorschlug und vom Gesetzgeber verlangte, daß seine Gesetze nichts anderes sein dürften als transformiertes Naturrecht, ja in revolutionärem Rigorismus behauptete, daß das dem Vernunftrecht widersprechende positive Recht überhaupt kein Recht sei,[20] legitimierte Windscheid das positive Recht als vernünftig, *weil* es staatlich gesetzt oder sanktioniert ist.[21]

Rücksichtsloser hat sich wohl selten ein Bürgertum von seiner eigenen ideologischen Vergangenheit losgesagt.

Aber es handelte sich bei der positivistischen Verzichterklärung auf den Richterstuhl der Vernunft, von dem aus die Maßnahmen des regierenden Adels einer bürgerlichen Überprüfung hätten unterzogen werden können, nicht etwa um eine *Selbstaufgabe* des Bürgertums. Es handelt sich wohl um eine Unterordnung, bei der aber eigene Zielstellungen eingebracht blieben.

Das wird deutlich bei den Veränderungen, die von den positivistischen Neuerern mit den Grundgedanken ihrer eigenen literarischen Väter von der Historischen Schule vorgenommen werden. Savigny hatte die Notwendigkeit eines einheitlichen Rechts in Deutschland bestritten, seiner Zeit — wie eigentlich jeder anderen auch — den Beruf zur Gesetzgebung abgesprochen und auf die still wirkenden Kräfte der Geschichte verwiesen.[22] So sollten alle juristischen Fragen der Gegenwart aus den Rechtsquellen der Vergangenheit beantwortet werden. Demgegenüber strebte etwa Gerber[23] bei aller sonstigen Ehrfurcht vor Savigny und Puchta nach einer „konsequenten Trennung des Geschichtlichen (welches möglichst ausgeschieden werden sollte) vom Dogmatischen“, des Politischen vom Rechtlichen. Das ist im Revolutionsjahr 1848 geschrieben. Doch wäre es voreilig anzunehmen, daß Gerber für die längst überfällige Liquidierung des geschichtlich gewachsenen feudalen Plunders eintrat. Zwar werde im Sturme der Gegenwart so manches fallen, fügte er nämlich hinzu, aber es sei ein Irrtum, wenn man so viele durch Jahrhunderte gepflegte Rechtsinstitute durch einen einzigen Griff entwurzeln zu können vermeine. Und so setzte er sich tatsächlich für die Beibehaltung unveräußerlichen und unteilbaren Großgrundbesitzes ein, der als ökonomische Grundlage (Gerber sagt: als „Lebensprinzip“) des Adels für die Zukunft bleiben sollte — allerdings nicht, ohne auch für bürgerliche Familien Erwerb und Vererbung solcher Fideikommisse mit rein begrifflichen Erwägungen zu rechtfertigen.[24] So fordert er nicht etwa die Liquidation der historisch überfälligen Monarchen, er konstruierte aus juristischen Gründen — wie er vorgab — ihre Integrierung *in* den staatlichen Organismus.[25]

Hinter der Fassade einer angeblich voraussetzungslosen, aus jeglicher historischen Bindung gelösten, rein juristischen Konstruktion vollzog sich so eine auf die Rechtseinheit des deutschen Volkes orientierte, also durchaus politische Forschungsarbeit. Der für die Bourgeoisie lebenswichtige nationale Markt erzwang — freilich über Umwege, da ja die nationale Einheit noch nicht erreicht war — zunächst ein einheitliches Handelsrecht, und man begann nun unter der Devise eines nationalen Rechts Kodifikationen auf allen Gebieten vorzubereiten. Übrigens mit nationalistischer Überheblichkeit, wenn das deutsche Volk zum „Rechtsvolk“ hochgelobt wird,[26] das sich im Vergleich zu den keltischen, romanischen und slawischen Stämmen durch einen hervortretenden Rechtssinn auszeichne.

Die Köpfe des Positivismus hängen also durch nicht immer sichtbare Fäden mit dem Körper des Bürgertums zusammen. Aber sie wollen es nicht wahrhaben. Auf Kosten der Klarheit, der Eindeutigkeit und der Folgerichtigkeit ihres wirklichen Anliegens verbergen sie die soziale Grundlage der Rechtsentwicklung hinter einem ganzen Begriffshimmel juristischer Konstruktionen. Anstelle des fallengelassenen Rechts der Natur widmete man sich nun der Natur des Rechts;[27] und dieses Recht riß man vollständig von seinen ökonomischen, ideologischen und politischen Wurzeln los, wie man auch seine soziale Funktion außer Betracht ließ.

Der junge Ihering war darin der Meister. Er konstruierte sich einen in sich geschlossenen logischen Rechtsorganismus zusammen, aus dem er dann mit Hilfe einer „anatomischen“, einer „physiologischen“ und einer „chemischen“ Betrachtungsweise den „Geist“ des Rechts herausdestillierte.[28] Dabei kam es ihm auf eine formale Realisierbarkeit des Rechts an, auf eine Konstruktion von Rechtssätzen, Rechtsinstituten und Rechtsdefinitionen ausschließlich aus dem Rechtssystem selbst unter bewußter Nichtbeachtung der praktischen Verwendung und Verwendbarkeit der Ergebnisse. Das von der Gesellschaft und ihrer Entwicklung isolierte Rechtssystem war die einzige und angeblich unversiegbare Quelle, die er sich mit einer als „naturwissenschaftlich" ausgegebenen Methode erschloß. Es leuchtet ein, daß mit einer solchen auf innersystemare Strukturbeziehungen der juristischen Elemente ausgerichteten Arbeitsweise die Gesellschaft und ihre Entwicklungserfordernisse gar nicht erst im Blickwinkel des Juristen erschienen. Bei einer solcherart bewußt asozial betriebenen juristischen Konstruktionstätigkeit konnten objektiv erforderliche Ergebnisse eigentlich immer nur erschlichen sein.

Bleibt die Frage nach den Ursachen für die Herausbildung der rechtspositivistischen Plattform nach 1848 in Deutschland.

Die naheliegende Annahme, daß es sich dabei um einen unmittelbaren Einfluß des französischen oder englischen philosophischen und soziologischen Positivismus gehandelt habe, läßt sich nicht bestätigen. Von einer direkten Übernahme der wissenschaftlichen Ergebnisse etwa eines Comte konnte ohnehin nicht die Rede sein: in dessen „Lehrgang der positiven Philosophie" sind juristische Probleme offensichtlich bewußt ausgespart, wenn man von einer gelegentlichen Verächtlichmachung der Naturrechtler absieht. Außerdem betrachten – wie verkehrt auch immer – die Comte, Mill und Spencer die Gesellschaft als eine Einheit, während die Gerber, Ihering, Windscheid, Leist und Kuntze das Recht vollständig aus seiner gesellschaftlichen Einbettung herauszulösen für richtig hielten.

Daß der wissenschafts*methodische* Ansatz der soziologischen und der juristischen Positivisten verhältnismäßig weitgehend übereinstimmt (die Wissenschaft habe sich mit einer bloßen Ordnung der Tatsachen zu begnügen), ist kaum zu übersehen. Doch handelt es sich dabei um keine kausale Abhängigkeit. Vielmehr haben wir es mit einer sich spontan herstellenden Simultaneität zu tun, mit Entsprechungen, die sich nicht auseinander erklären oder gar voneinander ableiten lassen, die jedoch auf gleichen gesellschaftlichen Grundlagen beruhen. Übrigens ist besonders für die Entstehungsphase des Rechtspositivismus seine philosophische Unbekümmertheit kennzeichnend. Selbst die erste Untersuchung über das Verhältnis von Sein und Sollen — ihr Autor war ein juristischer Praktiker — wurde von den juristischen Professoren nicht zur Kenntnis genommen, obschon sie zu dem, für den Positivismus wie bestellten Ergebnis kam, daß das Sollen nicht aus dem Sein hergeleitet werden könne.[29]

Auch Übereinstimmungen des deutschen rechtstheoretischen Positivismus mit der englischen oder französischen positivistischen Rechtstheorie haben sich unbewußt ergeben, höchstens, daß man sich zu der beiläufigen Bemerkung bequemt, eine Ähnlichkeit eigener Gedanken etwa mit denen von Bentham nachträglich festgestellt zu haben.[30]

Die wirklichen Ursachen für die wissenschaftsautarke Herausbildung des Positivismus zur herrschenden Rechtstheorie in der zweiten Jahrhunderthälfte liegen in der gesellschaftlichen Rolle des damaligen deutschen Bürgertums.

Der Kampf der Positivisten gegen die naturrechtlichen Ideale (und Illusionen) entspricht dem endgültigen Verzicht des Bürgertums auf bürgerlich-revolutionäre Gesellschaftsveränderung; in ihm findet die Billigung des Niederschlagens der Revolution von 1848 durch den Adel seinen theoretischen Ausdruck. Mehr noch: in der positivistischen Beschränkung auf ein Denken innerhalb eines vorgegebenen Paragraphen- und Begriffssystems widerspiegelt sich die Bereitschaft des Bürgertums, sich unter das vorgegebene Joch des Adels auch künftig zu ducken. Daher die auf Dauer angelegte Integrierung monarchisch geprägter Rechtsverhältnisse in das eigene Rechtssystem, daher die Verstümmelung der Freiheitsforderungen bis zu ihrer Unkenntlichkeit in einer auch den Dynastien genehmen Rechtsstaatstheorie und daher die Preisgabe aller die gesellschaftlichen Fundamente des damals gegebenen Zustandes gefährdenden, wirklich wissenschaftlichen Fragestellungen.

Die Auseinandersetzung der Positivisten mit der rechtspolitischen Grundposition der Historischen Schule und deren Verherrlichung aller überkommenen Rechtszustände entspricht andererseits der Unzufriedenheit des Bürgertums mit der staatlichen und Rechtszersplitterung, mit der Rechtsunsicherheit und den feudalbürokratischen Schranken, einem argen Hemmnis bei der endgültigen Durchsetzung der kapitalistischen Produktionsweise nach innen und nach außen. Daher die Forderungen nach einem deutschen Nationalstaat, nach Rechtseinheit, nach (einem bescheidenen Maß an) Gesetzlichkeit nach Kodifikationen und nach Ausarbeitung abstrakter, der kapitalistischen Warenzirkulation angemessener Vertragstypen.

So gewiß die Positivisten diese damals progressiven Bedürfnisse in ihre Gedankensysteme aufnahmen, so gewiß ist aber auch, daß sie dazu beitrugen, daß diese progressiven Bedürfnisse des Bürgertums auf reaktionäre Weise befriedigt wurden. Es ist mit ihr Verdienst, aber es ist auch mit ihre Schuld, daß die nationale Einigung unvollständig und undemokratisch — die Verfassung des Deutschen Reiches enthielt nicht ein einziges Grundrecht — zustande kam. Ihr Verdienst und ihre Schuld sind auch die Kodifikationen, die zwar die Rechtseinheit in Deutschland — übrigens keineswegs vollständig! — herstellten, aber in einer inhaltlich zurückgebliebenen, strukturell und sprachlich so volksfremden Form, daß Bebels Sozialdemokratie im Reichstag dagegen stimmen mußte.[31]

Auf die Frage, warum der doch bürgerliche Positivismus Apologetik einer zunächst klassenfremden Staatsgewalt betrieb, warum er der Ordnung den Vorrang vor dem Fortschritt gab und die Einheit auf dem Grabe der Freiheit errichten half, muß die gleiche Antwort gegeben werden, die Friedrich Engels[32] auf die Frage gab, warum sich die deutsche Bourgeoisie ihre allmähliche Emanzipation mit einem sofortigen Verzicht auf eigene politische Macht erkaufte; es war nicht Furcht und Feigheit vor der Regierung, es war die Furcht des Bürgertums vor dem Proletariat! Hinter dem dritten Stand gärt der vierte Stand und droht ihn zu verschlingen, wenn er zur Herrschaft kommen sollte, um dann alles in den allgemeinen Ruin herabzuziehen, hatte Bluntschli bereits 1848 in der ihm eigenen Diktion geschrieben.[33]

Der Positivismus trägt somit der Situation Rechnung, daß das Bürgertum bereit war, sich politisch dem Adel unterzuordnen, wenn ihm dadurch die ungehemmte Ausbeutung der Arbeiterklasse garantiert erschien. Bereits in seiner Entstehungsphase ist der Rechtspositivismus in Deutschland antidemokratisch und antisozialistisch!

Ganz sicher drückt diese Einschätzung des Positivismus nicht unbedingt Absicht und Gesinnung seiner Vertreter aus. Aber es läßt sich nicht leugnen, daß schließlich auch die reaktionäre Weise, in der Preußen den objektiv progressiven Weg der Einigung Deutschlands ging, Zustimmung bei den meisten fand. Er gebe für einen solchen Mann der Tat, schrieb Ihering[34] — und er meinte Bismarck — „hundert Männer der liberalen Gesinnung, der machtlosen Ehrlichkeit". Auch Windscheid[35] billigte letztlich, daß die nationale Einheit nicht durch Volkskampf, sondern durch die militärisch organisierte Faust Preußens geschaffen worden war.

Und so feierte der juristische Positivismus nach der Reichsgründung seinen ersten großen Triumph. Labands staatsrechtliches Hauptwerk vom Rang einer offiziellen Verkündung — der Kaiser selbst bedauerte, bei ihrem Autor keine Vorlesungen gehört zu haben[36] — legitimierte die bonapartistische Diktatur Bismarcks und schirmte sie vor politisch-wissenschaftlicher Kritik ab.

Also sein erstmals 1876 veröffentlichter Gedankengang: „Die nächste Aufgabe bestand nicht in der Durchführung schulgerechter Konstruktionen, sondern in der Vollbringung einer geschichtlichen Tat ... Nachdem die Tat der Neugestaltung Deutschlands vollbracht ist, entstand das Bedürfnis, sich zum Bewußtsein zu bringen, worin diese Tat bestanden hat ... Die Verfassung des Reiches ist nicht mehr Gegenstand des Parteistreites, sondern sie ist die gemeinsame Grundlage für alle Parteien und ihre Kämpfe geworden." Und in der zweiten Auflage dieses Werkes heißt es: „Die wissenschaftliche Aufgabe der Dogmatik eines bestimmten positiven Rechts liegt in der Konstruktion der Rechtsinstitute, in der Zurückführung der einzelnen Rechtssätze auf allgemeine Begriffe und andererseits in der Herleitung der aus diesen Begriffen sich ergebenden Folgerungen. Dies ist, abgesehen von der Erforschung der geltenden positiven Rechtssätze, d. h. der vollständigen Kenntnis und Beherrschung des zu bearbeitenden Stoffes, eine rein logische Denktätigkeit. Zur Lösung dieser Aufgabe gibt es kein anderes Mittel als die Logik ... Alle historischen, politischen und philosophischen Betrachtungen sind für die Dogmatik eines konkreten Rechtsstoffes ohne Belang ..."[37]

Und Bergbohn war es dann, der dieser offenen, wenn auch passiven Machtapologetik eine gewisse philosophische Weihe gab. In der Manier eines Demagogenriechers stöberte er zunächst auf der „Schädelstätte des Naturrechts" umher, um „die Toten nochmals hinzurichten", und erklärte, daß alle Probleme des Rechts im Recht selbst zu suchen und ausschließlich aus ihm selbst zu lösen seien. Auf dieser typisch positivistischen Grundlage gipfelte dann seine Gedankenführung in einer barbarischen Schlußfolgerung: „Es muß auch das niederträchtigste Gesetzesrecht als verbindliches anerkannt werden, sofern es nur formell korrekt erzeugt ist."[38]

Mit solchen systemimmanenten Anforderungen an das Verhalten aller Gesellschaftsglieder trug der Positivismus zur Formierung einer geradezu volksfeindlichen Juristengeneration bei, die als getreue Diener der jeweiligen Machthaber den Weg des deutschen Volkes bis in die tiefsten Niederungen ebnen halfen. Wenn man den Positivismus in seiner Einheit von Entstehungs- und Wirkungsgeschichte betrachtet, dann kann man an der Erkenntnis nicht vorbei, daß er der herrschenden Klasse die Normierung von Brutalitäten mit großer Anwendungschance erleichtert hat, indem er Richter und Staatsanwälte zu dem Berufsethos willenloser Werkzeuge erzog.

Von hier aus wird auch verständlich, was es mit den immer wieder vorgebrachten Behauptungen auf sich hat, daß sich der Positivismus unter dem Einfluß naturwissenschaftlicher und materialistischer Strömungen herausgebildet habe.[39] Gewiß läßt sich ein gelegentliches Vorhandensein einer naturwissenschaftlich gefärbten Terminologie — besonders bei Ihering — nicht leugnen. Gewiß ist die Tatsache, daß die juristischen Positivisten nicht an Stahls obskurantistischen Offenbarungspositivismus anknüpften,[40] darauf zurückzuführen, daß dieser zu offensichtlich antirational war. Aber indem der Positivismus jegliche außerlogische Analyse des Normenkörpers für unwissenschaftlich erklärte, versuchte er einer materialistischen, das Recht als historisches und soziales Phänomen analysierenden Rechtstheorie entgegenzuwirken. Auch insofern war sein teilrationaler Effekt in seine Verschleierungsfunktion eingebettet.

3. Exkurs: Hegel zur Rechtswissenschaft

Zu den besonders boshaften Bemerkungen Hegels gehört seine Replik auf jene zeitgenössische Gleichstellung der Rechtswissenschaftler mit den Mathematikern (was die Konsequenz ihres Schließens aus Grundsätzen anlangt): mit einer Befriedigung von Vernunftsanforderungen habe diese juristische Arbeitsweise wohl nichts zu tun, meint Hegel, und überdies sei gerade in der Inkonsequenz vergangener Rechtsgelehrter eine ihrer größten Tugenden zu achten.[41]

Ist mit dieser Kennzeichnung der Rechtswissenschaft als einer Mathematik ohne Vernunft ein pauschales und permanent geltendes Verdammungsurteil gesprochen? Fundiert so Hegel etwa die eingängigen Formulierungen von der Wertlosigkeit der Jurisprudenz als Wissenschaft, da ja berichtigende Worte des Gesetzgebers ganze Bibliotheken zu Makulatur werden lassen?[42] Bewahrt Hegel mit seiner Meinung, daß die Jurisprudenz zu ihrem Prinzip die Autorität — also etwas beileibe nicht immer Vernünftiges — habe, die Rechtswissenschaft vor den zersetzenden, aber auch adelnden Attacken der Vernunft, läßt er seine alles durchflutende Dialektik ausgerechnet im Recht stille stehen? Ebnet nicht eine Konzeption, nach der das, was gesetzmäßig ist, auch als rechtmäßig bezeichnet werden kann — so Hegel im § 212 seiner rechtsphilosophischen Vorlesungen —, einem schrankenlosen Positivismus den Weg? (Was ihm übrigens immer wieder vorgeworfen wurde, wie der marxistischen Rechtstheorie ja auch.[43]) Liefert nicht Hegel mit seiner Parallelisierung von Mathematik und Rechtswissenschaft Munition den Neukantianern, denen tatsächlich die Rechtswissenschaft als „Mathematik der Geisteswissenschaft" erschien und die eine Jurisprudenz als „Geometrie der totalen Rechtserscheinung" zu konstruieren vorgaben?[44] Für deren

Methodenideal gilt jedenfalls Hegels Charakterisierung: es betrifft die äußerliche Ordnung eines vorgegebenen Normenmaterials.

Nun kennt Hegel bekanntlich neben dem positiven Recht das Naturrecht, neben der positiven Rechtswissenschaft die philosophische Rechtswissenschaft. Vielleicht — so könnte man meinen — hätte sich Hegel in seinem Naturrecht ein Erkenntnissystem aufgebaut, das unabhängig vom autoritär gesetzten Recht mehr und anderes ist als Mathematik ohne Vernunft. Für solch ein Recht könnte jedenfalls Hegels bittere Bemerkung aus der Jenaer Zeit, daß es aus einer Sammlung empirischer Kenntnisse bestünde und sich der Verstandesbegriffe bloß bittweise bediene, nicht gelten.[45] Wir wollen solch einem Naturrecht weder Funktion noch Bedeutung absprechen — vor allem, wenn es als Reservoir kritischer Positionen gegenüber dem jeweils geltenden Recht in Stellung gebracht wird.

Aber Hegels Unterscheidung von positivem und Naturrecht (er verwahrt sich ausdrücklich dagegen, dies als eine Entgegensetzung aufzufassen[45]) will keine Grenzen ziehen zwischen einer vernunftlosen Gewalt und einer gewaltlosen Vernunft. Hegel lehnt die Ausarbeitung einer Erbauungsutopie bloß subjektiven Hoffens und Wünschens als unphilosophisch ab. Unvermittelt und grob leugnet er jegliche wissenschaftliche Bedeutung aller früheren Behandlungsarten des Naturrechts.[4] Wenn Hegel in einer seiner Randbemerkungen zur Rechtsphilosophie die Zeit für gekommen erklärt, daß man nach der Vernunft der Sache fragt, dann jedenfalls nicht in dem Sinn, daß an einen Gegenstand von außen her ein Hoffnungsmodell angelegt, sondern daß die Vernunft der Sache selbst zum Bewußtsein gebracht wird.[48]

Gerade darin besteht Hegels Spezifik innerhalb des bürgerlich-revolutionären Denkens, daß er eine vernichtende Kritik an den Illusionen seiner Zeitgenossen übte und doch zugleich ihr eigentliches Anliegen vollendet.[49] Kant stellte wohl einen Naturrechtskatalog ewiger Rechte auf, verbat es sich aber, ihn zur Kritik am bestehenden Recht zu benutzen; Fichte benutzte seinen Katalog wohl zu praktisch-revolutionärem Vergleich, aber erst Hegel unterwarf ihn den Gesetzmäßigkeiten der Geschichte.

Daher läßt Hegel für einen Dualismus von positivem und natürlichem Recht keinen Raum, wie er auch nicht hinnehmen kann die Zwiespältigkeit einer mit dem *Verstand* operierenden Rechtswissenschaft und einer der *Vernunft* unterliegenden Rechtsphilosophie. Hegels „Vernunft" ist ein Totalitätsdrang immanent, sie ist für ihn die schlechthin dimensionslose Tätigkeit.[50] Wie wollte sich da eine Rechtswissenschaft auf ein bloß formelles Erkennen beschränken und aus willkürlichen Voraussetzungen mit unentwegter Logik Folgerungen ableiten dürfen?

Daher negiert Hegel die überkommenen Wissenschaftskonzeptionen der Jurisprudenz (eben als einer vernunftlosen Mathematik) als aphilosophisch. Da in seiner dialektischen, wenn auch idealistischen Sicht Krankheit und Anfang des Todes überall dort sind, wo sich ein Teil der Oberhoheit des Ganzen entzieht — Hegel verwendet als Beispiel: wenn sich das bürgerliche Rechtssystem für eine Totalität nimmt! —, erwägt er, die Rechtswissenschaft insgesamt unter die Philosophie, d. h. unter die Herrschaft der Vernunft zu bringen.[51]

Nur als Kontrapunkt: in Hegels Berliner Zeit regte ein hoher Ministerialbeamter beim Außerordentlichen Regierungsbevollmächtigten an der Universität an,[52] selbst das Naturrechtskolleg statt von Philosophen lieber von Juristen vortragen zu lassen, da deren Phantasie durch das positive Recht gezügelt werde. Der junge Marx hingegen[53] kritisiert unter Ausnutzung der Hegelschen Einheit von Jurisprudenz und Philosophie den reaktionären Ehescheidungsgesetzentwurf, den Preußens Gesetzgebungsminister Savigny vorgelegt hatte.

Mit seiner Fundamentalkritik hat Hegel aber auch zumindest drei unverlierbare kritische Erkenntnisse gewonnen, gegen die *nach* Hegel zu verstoßen kaum klüger sein dürfte als *vor* ihm:

Erstens die Erkenntnis, daß das Recht historischen Charakters ist, eingebettet in den Strom der Geschichte, verflochten in wechselseitigem Einfluß auf die anderen politischen, ökonomischen und ideologischen Komponenten des menschlichen Progresses. Wo immer man Maß und Ordnung von der gesellschaftlichen Entwicklung verselbständigt und Rechtstheorie — wie bei den Positivisten[54] — ausschließlich als Strukturanalyse geltender Gesetze, als Beweihräucherung des positiven Rechts in der Form seiner Logifizierung betreibt, wird der Boden wissenschaftlicher Philosophie gar nicht erst betreten. Man kann sich in dieser Frage nicht Spezialgelehrsamkeit durch Generalunwissenheit erkaufen.

Zweitens die Erkenntnis, daß die Vernunft den Verstand in sich aufzuheben in der Lage ist — Hegels Dialektik ist (auch wenn das die Marcuse und Adorno nicht wahrhaben wollen) negativ und positiv zu gleicher Zeit![55] —, will sagen, daß Hegel sich nicht als Bundesgenosse für jene eignet, denen die Versuche ein Greuel sind, auch im juristischen Forschungsfeld zu messen, was meßbar ist, und meßbar zu machen, was meßbar zu machen ist. Die Vernunft weiß sich bei Hegel Logik und Mathematik zu integrieren, und es ist keine Schande, berechenbare Gewißheit anzustreben. Dies den Pragmatisten, Ontologen und Neuhegelianern ins Stammbuch.[56]

Drittens schließlich die Erkenntnis, daß nicht nur das Recht selbst, sondern auch das Denken über das Recht an die Geschichte gebunden, ihr eingeordnet ist. Man kann dem Fortschritt auch dadurch in den Arm fallen, daß man willkürlich konstruierte Heilsideen propagiert, anstatt das Notwendige zu tun. Vor dem Unvermeidlichen hilft keine Flucht in die Gestaltlosigkeit des Kosmopolitismus und die Leerheit der Menschenrechte — sagt Hegel.[57] Jeglicher Versuch, aus der Geschichte herauszuspringen und die treibende Kraft in der heutigen Weltarena an den — zugegeben schönen — Ideen des 18. Jahrhunderts zu messen (Ideen, die sich doch das ganze 19. Jahrhundert hindurch als Illusionen erwiesen haben), fällt hinter Hegel zurück. Hegels Apotheose einer Regierung des Wissens, die die Regierungen des Zufalls ablöst, zielt auf die sich ständig entwickelnde, aber unteilbare Wahrheit und nicht auf einen Pluralismus von Irrtümern.

So wenig diese drei rechtsphilosophischen Grunderkenntnisse Hegels zurücknehmbar sind, so wenig genügen sie aber auch, um sein Leitmotiv einer rationalen Gestaltung von Natur und Gesellschaft mittels der menschlichen Vernunft als Voraussetzung für das Wirklichwerden von Freiheit und Menschenwürde zu praktizieren. Gewiß stellte er selbst hier und da die Vernünftigkeit dieser oder jener gesetzlichen Bestimmung in Frage — „Querfragen“ stellen nannte er das, und er billigte solche Fragen nicht nur den Gelehrten zu, auch dem

Volk, da ja in erster Linie nicht der Schuhmacher, sondern der, der die Schuhe trägt, wissen muß, ob sie passen.[58] Aber seine Einbildung, daß das Recht die Widersprüche der bürgerlichen Gesellschaft dauerhaft zu bändigen und zu harmonisieren vermöge, ist nicht durch Querfragereien — auch wenn sie gelegentlich (bei ihm selbst!) das Verhältnis von Eigentum und Freiheit betreffen — zu erschüttern.

In einer idealistischen Dialektik ist übrigens die *Kritik* an der zeitgenössischen Welt schon deshalb mit ihrer *Rechtfertigung* gemischt, weil ihre Aneignung oder Aufhebung sich im reinen Denken vollzieht. Bei Hegels Schülern wird das peinlich offenbar, wenn sie die Auflösung der Widersprüche zwischen Vernunft- und Gesetzesrecht bis hin zu ihrer vollkommenen Gleichheit propagieren — und das nach Revolution und mitten im Bruderkrieg.[59]

Es bedurfte schon einer grundsätzlichen, das ganze Verhältnis von Ökonomie und Recht auf die Beine stellenden Wende, um nachzuweisen, daß das Recht in der bürgerlichen Gesellschaft keine Interessenhomogenität zu produzieren vermag, da es selbst Produkt von Interessenantagonismen ist, Klassencharakter hat.[60] Daraus, daß das bürgerliche Recht in das Schicksal der bürgerlichen Gesellschaft, einschließlich ihrer parasitären Phase, unauflöslich verstrickt ist, folgt aber auch, daß eine Rechtswissenschaft, die dies nicht aufzudecken in der Lage ist, selbst Gefahr läuft, früher oder später, in Konterrevolutionen oder Staatsstreichsituationen parasitären Charakter anzunehmen. Der Totalverfall der deutschen Rechtswissenschaft beim Übergang von Weimar zu Hitler ist weder einmalig noch Zufall.

Da das Recht normiertes Klasseninteresse ist, eine letztlich materielle Bedürfnisse abbildende und durch sie (direkt oder indirekt) bestimmte Form des gesellschaftlichen Bewußtseins, kann seine tatsächliche Rolle im Reproduktionsprozeß der bürgerlichen Gesellschaft, sein Inhalt und sein notwendiges Ende aber auch nur von der Position jener Gesellschaftsklasse her erklärt werden, die objektiv als Totengräber dieser Gesellschaftsformation wirkt. Insofern gehören Arbeiterklasse und wissenschaftliche Rechtstheorie unauflöslich zusammen. Natürlich bietet eine solche, dem historischen Materialismus zugehörige marxistisch-leninistische Rechtstheorie Anregung und Orientierung auch all jenen, die auf andere, aber antiimperialistische Weise zum politischen Selbstverständnis der Menschheit in unserer Epoche beitragen möchten.

Büßt die Rechtstheorie mit ihrer sich stets bewußt haltenden Widerspiegelung materieller Interessen ihr kritisches Vermögen ein? Sie büßt zunächst die Illusion ein, daß es außerhalb der kämpfenden Klassen ein fortschrittliches Betätigungsfeld für sie gibt. Es ist übrigens ein Hegels würdiger Gedanke wohl nicht, statt im *inneren* Widerspruch einer Sache Trieb und Tätigkeit zu begreifen, den archimedischen Punkt nach außerhalb zu verlegen. Jenseits der Widersprüche der wirklichen Welt gibt es jedoch weder ein politisches Engagement noch einen Schiedsrichter. Wohl aber gibt es die Einbildung, außerhalb der Geschichte und in Frontstellung zu allen Interessen zu stehen![61] Hegels großartiger (wenn auch mißlungener) Versuch, die Entgegensetzung von Subjektivität und Objektivität aufzuheben, das Gewordensein der intellektuellen und reellen Welt als ein Werden, ihr Sein als ein Produzieren zu begreifen,[62] zielt jedoch auch bei materialistischer Umstülpung auf unverzichtbare Aktivitäten der Philosophie. Ja, erst die Verbindung mit dem Materialismus ermöglicht eine bewußte Widerspiegelung der wirklichen Widersprüche dieser Welt: sie ermöglicht den Philosophen, ihre *Denk*kraft als *Tat*kraft zu entwickeln, indem sie sich auf die ihnen gemäße Weise aktiv am Kampf der progressiven Gesellschaftsklasse beteiligen.

Hegel hat mit dem Werkzeug seiner Dialektik den Dualismus einer sich mit der *Sicherheit* begnügenden Rechtswissenschaft und einer auf die *Wahrheit* zielenden Philosophie zersetzt. Seither kann eine Jurisprudenz mit gutem Gewissen sich weder als Magd der Gesetzgebung betätigen noch dem wirklichen Progreß ihr subjektives Ideensystem unterlegen, statt sich in ihn einzuordnen. Der Jurist steht weder als Subsumtionsmaschine noch als freischwebende Intelligenz auf der Höhe der heutigen Zeit.

Die gesellschaftliche Verantwortung des Juristen in der bürgerlichen Gesellschaft erheischt von ihm mehr und anderes, als „Mathematik ohne Vernunft" zu treiben, sprich: exakt, aber blind die Gesetze der herrschenden Klasse auszuführen. Nicht, als ob es kein demokratisches Betätigungsfeld innerhalb des heutigen Kapitalismus gäbe. Im Gegenteil, demokratische Forderungen großen Ausmaßes werden gegenwärtig erhoben[63] und finden auch in einer respektablen Reihe von Juristen ihre mehr oder minder konsequenten Vertreter. Aber letztlich zielt doch alles auf eine Veränderung von ganz anderer Größenordnung, auf eine Gesellschaft, in der — um Hegels eingangs zitierte Worte in ein abschließendes Licht zu setzen — nicht die Inkonsequenz der Juristen als Tugend geachtet werden muß!

4. Das Kredo Kelsens

Diese Überschrift ist nicht boshaft gemeint. Da sein gesamtes Gedankengebäude von ihm selbst als auf subjektiven, charakterlich bedingten Voraussetzungen beruhend empfunden wird,[64] sollte man sich nicht zu mehr verpflichtet fühlen und es als ein System von *Glaubens*sätzen nehmen.

Die seit 1911 von Hans Kelsen entwickelte, 1934 erstmals als System dargestellte Reine Rechtslehre, leicht umgeformt von ihm selbst bis auf den heutigen Tag, von einer internationalen Freundes- und Schülerschar (Weyr, Merkl, Verdroß, Sander, Pitamic, Henrich, Kunz, F. Kaufmann, Schreier, Dobretsberger, Voegelin, Ross, Kraft, Eisenmann, van Praag, Otaka, Sukiennicki, Legaz y Lacambra, Recasens-Siches, Métall) ausgebaut, hat sich als rechtsphilosophische Strömung von fortdauernder, grenzüberschreitender Wirkung erwiesen.

Auf nachfolgenden Eckpfeilern — sie seien gewissermaßen als komprimierte Selbstdarstellung geboten[65] — gründet sich Kelsens rechtstheoretische Konzeption:

a) Die Reine Rechtslehre gehe von der Eigengesetzlichkeit des Rechts aus, die sie objektiv und exakt zu erkennen trachte. Daher reinige sie die Rechtswissenschaft von aller politischen Ideologie, von Psychologie, Soziologie und Ethik wie auch von allen naturwissenschaftlichen Elementen. Die Rechtswissenschaft habe die Wirklichkeit nicht zu erfassen, nur formell könne ihre Betrachtungsweise sein. Daher auch ihr ausgeprägt methodologischer Charakter.

b) Das Recht, eine für sich existierende Ordnung genereller und individueller Normen, bestimme menschliches Verhalten als gesollt, d. h., es versuche, menschliches Verhalten durch eine Vorschrift herbeizuführen, nach der im Falle eines gegenteiligen Verhaltens ein Zwangsakt als Sanktion erfolgen solle.

Da die Welt des „Seins“ mit der Welt des „Sollens“ (zu der das Recht ausschließlich gehöre) wissenschaftlich nicht verbunden werden könne, sei wohl die Frage, *was* Recht sei, nicht aber die Frage, *warum* etwas Recht sei, zulässig.

c) Rechtsnormen könnten immer nur aus anderen Rechtsnormen, niemals aus gesellschaftlichen Verhältnissen abgeleitet werden. Sie unterlägen keiner kausalgesetzlichen historischen Entwicklung, sondern stünden nur untereinander in einem formallogischen Zusammenhang.

d) Eine Rechtsordnung (und in nichts anderem bestünde der Staat) sei eine im großen und ganzen wirksame Vielheit von Rechtsnormen mit einem gleichen Geltungsgrund. Da der Geltungsgrund einer Norm immer nur eine Norm sein könne, sei die letzte Quelle einer Rechtsordnung ein und dieselbe Grundnorm. Diese sogenannte Grundnorm könne keine Norm des positiven Rechts sein, sie sei ihre transzendental-logische Voraussetzung.

e) Die Rechtsordnung sei ein Stufenbau verschiedener Schichten von Normen, von denen die eine Schicht die Erzeugung einer anderen Schicht regele, auf der wiederum die Geltung einer weiteren Schicht beruhe; dieser Regreß münde in der — gedachten — Grundnorm. Das letzte Ziel dieser rechtstechnischen Bewegung sei die organisatorische Einheit einer Weltrechtsordnung.

Die von diesen Kerngedanken her entwickelte Reine Rechtslehre erhebt als eine angeblich wissenschaftliche Theorie jedweden positiven Rechts den vierfachen Anspruch, a) in sich rational, b) denknotwendig begründet, c) von zeitloser Gültigkeit und d) originär zu sein.

Nichts davon stimmt: Weder enthält die Reine Rechtslehre ein in sich geschlossenes Aussagensystem noch baut sie auf einer Grundlage von wissenschaftlicher Güte auf, schon gar nicht bietet sie absolute Wahrheiten, und sie brachte auch keine Revolutionierung der bisherigen Rechtswissenschaft.

Daher soll in den Abschnitten 5 bis 8 vorliegender Studie dieses vierfache Ansinnen Kelsens zurückgewiesen werden.

5. Die logische Widersprüchlichkeit der Reinen Rechtslehre

Was den Anspruch der Reinen Rechtslehre auf formallogische Geschlossenheit der von ihr gelieferten Theorie anlangt, so gibt es da zwei bemerkenswerte Widersprüche:

a) Kelsen begründet die völlige Eigengesetzlichkeit des Rechts damit, daß Normen nur durch Normen determiniert seien. Das ist die einzige Art von Ableitung, die er gelten läßt. So wird von ihm etwa die Inhaftierung eines Menschen auf ein Gerichtsurteil, dieses Urteil auf ein Strafgesetz und dieses Strafgesetz schließlich auf eine Staatsverfassung zurückgeführt, nach deren Bestimmungen das Strafgesetzbuch von dem hierzu kompetenten Organ in einem von der Verfassung vorgeschriebenen Verfahren zustande gebracht wurde. Die Rechtsordnung erscheint so unter Ausschluß jedweder inhaltlichen Erwägung lediglich als formaler Erzeugungszusammenhang von Rechtsnormen unterschiedlicher Schichten.

Wenn man nun die Inhaftierung mit dem Gerichtsurteil, dieses mit dem Strafgesetz und dieses mit einer Verfassungsnorm gerechtfertigt hat, drängt sich freilich die Frage nach dem Geltungsgrund der Verfassung auf. Eine Norm des positiven Rechts kommt hierfür nicht in Frage; da die Zahl der Normen einer Rechtsordnung endlich ist, muß es ja eine „letzte" positive Norm geben, die auf keine andere Norm des positiven Rechts zurückgeführt werden kann. Auf die Frage nach dem Geltungsgrund dieser „letzten" Rechtsnorm (und damit der ganzen Rechtsordnung) rettet sich Kelsen durch einen jedenfalls nicht positivistisch zu rechtfertigenden Sprung in den transzendental-logischen Bereich der Grundnorm.[66] Diese Grundnorm sei nicht gesetzt, sondern vorausgesetzt, eine hypothetische Bedingung für die Deutung eines empirisch erfaßbaren Materials als Recht.

Anscheinend ist diese Art und Weise, zu einer letzten Quelle des Rechts zu gelangen – über die „voraussetzungsgemäß" (!) nicht weiter hinausgefragt wird[67] –, ihrem Urheber selbst nicht ganz geheuer. Jedenfalls spricht Kelsen, der doch sonst auf nüchterne Sachlichkeit größten Wert legt, beim Gesetzgebungsakt von einem „Mysterium", das sich da vollziehe und sich nur in unzulänglichen Bildern veranschaulichen lasse.[68] Und in einer Diskussion ließ er sich gar dazu hinreißen, die nach positivistischem Denkritus gar nicht zulässige Frage, was hinter dem Recht stecke, zu beantworten, und zwar mit einem: „Wer den Schleier hebt und sein Auge nicht schließt, dem starrt das Gorgonenhaupt der Macht entgegen."[69] Insofern sublimiert Kelsens Grundnorm die Transformation der Macht zu Recht und ist – ebenfalls eingestandenermaßen[70] – das „Minimum an Metaphysik", ohne die auch die sich als nichtmetaphysisch gebende Reine Rechtslehre nicht auskommt.

Jedenfalls ist die Grundnorm-Konstruktion der angeblich auf die metarechtliche Autorität Gottes verzichtenden Reinen Rechtslehre[71] so fadenscheinig, daß den Neothomisten die Behauptung leicht gemacht wird,[72] die Grundnorm erkläre entweder gar nichts oder führe zum göttlichen Urgrund des Rechts.

b) Ein zweiter innerer Widerspruch zehrt an der formalen Überzeugungskraft der Rechtsphilosophie Kelsens. Einerseits wird behauptet, daß die Geltung einer Rechtsnorm nur durch eine andere Rechtsnorm begründbar ist, andererseits soll aber eine (durch eine andere Norm begründete) Norm ihre Geltung dann verlieren, wenn sie ihre Wirksamkeit eingebüßt hat.[73] Ja, von der Rechtsordnung wird mitgeteilt, daß sie nur dann gelte, wenn sie „im großen und ganzen" (!) wirksam sei.[74] Wirksamkeit wird aber ausdrücklich[75] als Seinstatsache definiert, nämlich, daß ein der Norm entsprechendes Verhalten tatsächlich erfolgt. Möglicherweise hat Kelsen, um dem Vorwurf zu entgehen, er biete bestenfalls Gesetzblattinterpretationen, zum kleineren Übel eines gewissen Wirklichkeitsbezugs gegriffen, was dann zu einer Sünde gegen seinen eigenen heiligen Geist führen mußte. Es ist ohnehin schon schwer, sich überhaupt einen Vergleich zwischen normiertem und tatsächlichem Verhalten bei jemandem vorzustellen, der vorher behauptet hat, er könne Sollen und Sein in seinen Begriffen nicht verbinden;

jeder Vergleich zweier Erscheinungen setzt doch wohl Gemeinsamkeiten voraus, die erst einen einheitlichen Maßstab sinnvoll machen. Ein heilloses Durcheinander ergibt sich jedenfalls dann, wenn man zunächst das angeblich eigengesetzliche Recht von der kausal determinierten Wirklichkeit völlig isoliert[76] und anschließend die Geltung dieses Rechts von seiner Wirksamkeit abhängig macht.

Wohlgemerkt: die vorstehend angeführten Widersprüche der Reinen Rechtslehre sind kein Beweis für die Falschheit ihrer Grundposition. Auch hat der Nachweis, daß Kelsen mit 18 verschiedenen Definitionen des Sollens operiert,[77] nur wenig mit Wahrheit und Unwahrheit seiner rechtstheoretischen Konzeption zu tun.

Aber diese beiden wichtigsten Widersprüche, in die sich die Reine Rechtslehre verstrickt hat, widerlegen ihren Anspruch, wenigstens *in sich* rational zu sein. Kontradiktionen in wissenschaftlichen Theorien ermöglichen den Beweis jeder beliebigen Aussage, sind also von wissenschaftszerstörenden Folgen begleitet. Im Falle Kelsens ermöglicht die Basierung des positiven Rechts auf der transzendental-logisch konstruierten Grundnorm den Einbruch metaphysischen Gedankenguts und die Verquickung der Rechtsgeltung mit seiner Wirkung den Einbruch pragmatischer Ideen in seine Theorie.

Indiz für das Mißlingen bei der intellektuellen Erfassung der Welt sind unlogische Gedankensysteme allemal, und Kelsen selbst konzediert,[78] daß innere Widersprüche in der Regel Symptome dafür sind, daß es sich um ein *ideologisches* System handelt, worunter er ein die Realität mehr verschleierndes als darstellendes Gedankengebäude versteht.

Hier irrt Kelsen nicht: Wer — wie er[79] — die Frage nach dem materiellen Geltungsgrund des Rechts aus der wissenschaftlichen Diskussion ausschalten möchte, der hilft objektiv, die reale Genesis des Rechts zu verschleiern, der artikuliert Interessen, denen an einer Abschirmung des Rechts vor dem wissenschaftlichen und tatkräftigen Zugriff anderer gelegen ist. Und das sind nun einmal in der heutigen Zeit die Klasseninteressen der Bourgeoisie.

6. Die Mauer zwischen Sein und Sollen

Daß erkenntnistheoretische Positionen politische Tragweite aufweisen, wird noch deutlicher, wenn man auf den zweiten Anspruch Kelsens zurückkommt, eine wissenschaftlich begründete Rechtslehre ausgearbeitet und damit den unausgegorenen Rechtspositivismus des 19. Jahrhunderts in den Rang einer Rechtsphilosophie erhoben zu haben.

Ohne sich in eine ufer- und fruchtlose Detailpolemik zu verzetteln, hier muß die Kritik ansetzen: „Zwischen Sein und Sollen gibt es keine Brücke“ und: „Vom Sollen zum Sein führt kein Weg“[80] – das sind in der Tat die beiden entscheidenden Behauptungen, mit denen Kelsen seine ganze Rechtstheorie abgesichert zu haben meint. Aus dem angeblich absoluten Gegensatz von Sein und Sollen folgert Kelsen die totale Verselbständigung des Rechts von der Gesellschaft; mit diesem Gegensatz steht und fällt daher der ganze Bau seiner Rechtstheorie.[81]

Zunächst einige terminologische Klarstellungen.

Wenn man unter „Sein“ die Gesamtheit aller existierenden Sachverhalte versteht, ist auch das „Sollen“ ein Sein. Wie über andere Sachverhalte können auch über das Sollen sinnvolle Aussagen gemacht werden, z. B. über seinen Autor, Inhalt und Adressaten, über seine Entstehung, Struktur und Wirkung, über seine Geltung und seinen Wert. Eine Gegenüberstellung (oder gar Entgegensetzung) von Sein und Sollen hat unter dieser definitorischen Voraussetzung keinen Sinn. Überdies ist ein so festgelegter Seinsbegriff völlig ungeeignet, als Basiskategorie in Wissenschaftsdisziplinen und -disputen zu dienen, da er Materielles und Ideelles umfaßt, also den Gegensatz von Materialismus und Idealismus verwischt.[82]

Sinnvollerweise – und nicht hierin besteht der Gegensatz

zur Reinen Rechtslehre — handelt es sich bei den Beziehungen von Sein und Sollen um das Verhältnis von gesellschaftlichem Sein und gesellschaftlichem Bewußtsein (zu dem auch das juristische Sollen, das jeweilige Recht gehört). Während nun die Reine Rechtslehre steif und fest versichert, niemand könne auf wissenschaftliche Weise den von ihr vertretenen Dualismus von Sein und Sollen überwinden, hat der Marxismus längst den Nachweis erbracht, daß sich gesellschaftliches Sein und gesellschaftliches Bewußtsein wechselseitig beeinflussen und daß das *materielle* gesellschaftliche Sein gegenüber dem gesellschaftlichen Bewußtsein das Primat besitzt: die jedesmalige ökonomische Struktur der Gesellschaft bildet die objektiv-reale Basis, die mit dem Inhalt der anderen gesellschaftlichen Bewußtseinsformen auch den Inhalt des jeweiligen Rechts bestimmt.[83]

Folglich beruht das in einer Gesellschaft geltende und wirkende System staatlich garantierter Verhaltensregeln nicht auf dem willkürlichen Willen des jeweiligen, gewissermaßen zufälligen Gesetzgebers. Unabhängig davon, ob die Rechtsnormen aus Aussagen über das bereits Normale (das konserviert werden soll) oder aus Aussagen über das noch nicht Normale (das herbeigeführt werden soll) entwickelt worden sind: immer liegen ihnen, direkt oder indirekt, innerstaatliche und internationale Interessenkonstellationen gegensätzlicher Gesellschaftsklassen zugrunde. Ihr Inhalt ergibt sich aus den ökonomischen Lebensbedingungen der herrschenden Gesellschaftsklasse. Sie wurzeln nicht im Denken des Menschen, sondern in den sich geschichtlich entwickelnden materiellen Lebensverhältnissen der Gesellschaft.

Da das so ist, leistet jedes Methodeninstrumentarium einer Rechtstheorie, das nicht die in der Eigentumsstruktur der Gesellschaft liegenden Wurzeln des Rechts*inhalts* und der Rechts*entwicklung* aufzudecken in der Lage ist, Verzicht auf die Entschleierung der Welt, was wiederum selbst ideeller Ausdruck materieller Klasseninteressen ist. Es dient dann in der Form einer Vervollkommnung bestehender Ausbeutungs- und Unterdrückungsverhältnisse eben doch der gesellschaftlichen Repression.

Aus diesen Überlegungen ergibt sich aber auch, was von der logizistischen Kritik am Marxismus zu halten ist, daß er angeblich den grundlegenden Unterschied zwischen einer Aussage und einer Norm übersehen habe und demzufolge den Wunschtraum von der formallogischen Deduktion einer Aussage über ein Sollen aus einer Aussage über ein Sein träume.[84]

Tatsächlich hat eine marxistisch-leninistische Rechtstheorie gar keinen Anlaß, Normen mit Aussagen gleichzusetzen oder sie aus Aussagen formallogisch abzuleiten. Vielmehr ermöglicht die Erkenntnis des historischen Materialismus, nach der das juristische Sollen auf den (reflektierten oder unreflektierten) materiellen Bedürfnissen herrschender Gesellschaftsklassen beruht, erst eine dem juristischen Wissenschaftsobjekt allseitig angemessene Wissenschaftsmethodik: nur ein kausalgenetisches, Ursachen und Wirkungen einbeziehendes Herangehen an die juristischen Phänomene eröffnet das Feld für eine mehr als nur Stückwerk liefernde Rechtstheorie.

Nach dieser Auffassung sind das Wissen (Aussagen) und das Wollen (Normen) des Menschen relativ selbständige Elemente seiner Erkenntnistätigkeit, mit denen er die Welt widerspiegelt und zugleich gestaltet.[85] Gerade für einen Materialisten sind die Normen eben nicht durch Aussagen, sondern Normen *und* Aussagen sind durch gesellschaftliche Verhältnisse determiniert. Beide sind ideeller Ausdruck materieller Interessen.

Die Zielstellungen herrschender Gesellschaftsklassen ergeben sich — wie auch ihre Auffassungen über deren Verwirklichungsmittel und -methoden — ganz wesentlich aus dem, was diese Klassen gemäß ihrer ökonomischen Lebenslage zu tun gezwungen sind. Daher kann aus Aussagen über den ökonomischen, ideologischen und (innen- wie außen-)politischen Zustand einer Gesellschaft mit einer gewissen Wahrscheinlichkeit auf das Vorhandensein bestimmter Normen gefolgert werden (warenproduzierende Gesellschaften etwa benötigen garantierte Standards über Vertragsabschlüsse und Eigentumsübergang). Aber diese Aussagen über die Zweckmäßigkeit bestimmter Sollensvorschriften, ja sogar über die Wahrscheinlichkeit ihrer Existenz können nicht die Gesetzgebungs- und Urteilstätigkeit staatlicher Parlamente und Gerichte ersetzen.

Kelsens These, daß Normen willkürlichen Inhalts seien, daß jedes beliebige Verhalten in ihnen als gesollt statuiert werden könne,[86] hat für eine Untersuchung der logischen Struktur von Rechtsnormen wohl ihre (begrenzte) Berechtigung. Aber da die Reine Rechtslehre in der logischen Bearbeitung von Rechtsnormen die einzige wissenschaftlich vertretbare Zielstellung der Jurisprudenz überhaupt sieht,[87] können solche Äußerungen nur als Ermunterungen zur Normierung von Brutalitäten gedeutet werden, wovon die Geschichte der Ausbeutergesellschaft ohnehin überquillt.

Die Reine Rechtslehre argumentiert gegen die nichtrationale Herleitung des „Sollens" aus dem „Sein" nicht etwa, weil sie eine rationale Begründung sucht, sondern weil sie *jede* Herleitung, gleichwie begründet, ablehnt. Das Verhältnis des Positivisten zum Phänomenologen oder Thomisten ähnelt in diesem Zusammenhang dem Verhältnis jenes „Arztes" zum Quacksalber, der dessen Gesundbetermethoden bei einem Scharlachfall mit der Begründung ablehnt, es handele sich um gar keine Krankheit!

Mit ihrer Ignorabismus-Erklärung der Genesis des Rechts baut sich der juristische Neopositivismus eine erkenntnistheoretische Haltung auf, deren Wissenschaftsfeindlichkeit bereits geschichtsnotorisch ist.[88]

Wer das Recht nicht wissenschaftlich zu *begründen* vermag, verfügt auch nicht über ein wissenschaftliches Instrument seiner kritischen *Bewertung*: Er wisse nicht, gesteht Kelsen, was Gerechtigkeit sei.[89] Indem die Positivisten sich für wertblind ausgeben und wissenschaftliche Kritik von Wertungen für prinzipiell unmöglich erklären – Wert und Unwert seien gleich *gültig* und daher *gleich*gültig[90] –, liefern sie einen jeden, der ihren defätistischen Überlegungen folgt, dem jeweils vorhandenen Recht und der mit diesem Recht herrschenden Klasse aus. Darin besteht die Lähmungsfunktion, die von ihrer Rechtsphilosophie ausgeht.

So erweist sich die Reine Rechtslehre mit ihrem Dualismus von Sein und Sollen als eine idealistische und metaphysische Rechtsphilosophie: sie verschiebt – wie zutreffend bemerkt wurde[91] – den objektiv vorhandenen Zusammenhang von Sein und Sollen in den (überdies um das Willenselement verkürzten) Subjektbereich. Dadurch erscheint das dem gesellschaftlichen Bewußtseinsbereich zugehörige Recht von den seine Anforderungen determinierenden materiellen Verhältnissen verselbständigt und die tatsächliche Wechselwirkung von sozialem Sein und juristischem Sollen in den unter Wissenschaftlern verfemten Bereich der Metaphysik verwiesen.

Die Unterstellung, daß die angebliche Mauer zwischen Sein und Sollen nur außerhalb rational-logischen Denkens aufgehoben werden könne,[92] zielt darauf, dem mit dem Vormarsch der Arbeiterbewegung und des naturwissenschaftlich-technischen Fortschritts verbundenen Vordringen eines materialistischen und rationalen Denkens auch in der Gesellschaftswissenschaft einen Riegel vorzuschieben. Aber da der gesellschaftswissenschaftliche Forscherdrang kein individuelles Phänomen, sondern Klasseninteresse des Proletariats ist — und Klassen lassen sich nicht betrügen[93] —, ist die Erkenntnis von der sozialen Basis und Funktion des Rechts auf die Dauer nicht aufzuhalten.

Schon gar nicht durch eine Theorie, nach der die wirkliche Welt nicht außerhalb der menschlichen Erkenntnis liegt,[94] und welche die in ihrer Materialität liegende Einheit der Welt leugnet, einer Welt, in die aus ihr selbst stammende Normen einzugreifen bestimmt sind.

Die Reine Rechtslehre — auch in dieser Beziehung konsequent ahistorisch und asozial — lehnt eine kausalgesetzliche Einbettung des Rechts und der Rechtstheorie in die Gesellschaftsentwicklung ab. Mit dieser Herauslösung der Rechtstheorie aus der Welt der Ursachen und Wirkungen begibt sie sich selbst außerhalb der Wissenschaft.

Statt — wie er beansprucht — eine wissenschaftliche, also verifikationsfähige Grundlage für sein rechtstheoretisches Aussagensystem zu liefern, flüchtet sich Kelsen schließlich völlig in die Welt des Subjektiven: letztlich, so heißt es da,[95] beruhe sein System auf *charakterlich* bedingten und daher *undiskutierbaren* Voraussetzungen! Und in seinen frühen Aufsätzen[96] gesteht Kelsen, der angebliche Rationalist und Realist, ein, daß die tiefste Wurzel seiner letztlich nicht beweisbaren Theorie im „dunklen Erdreich“ seiner gleichsam „intuitiven Wesensschau“ ruhe. Und er fährt fort: Im Bereich logischer Erörterungen müsse man sich damit begnügen, auf die *Brauchbarkeit* dieser Auffassung hinzuweisen. Nun wohl, für brauchbar halten wir seine Rechtstheorie allerdings, es fragt sich nur: für wen!

7. Der Klassencharakter der Reinen Rechtslehre

Auch mit dem dritten Anspruch der Reinen Rechtslehre, immer und für alle gültige Wahrheiten zu bieten, ist es nicht weit her. Mögen ihre Anhänger auch wähnen (oder zu wähnen vorgeben), überall verwendbare Ergebnisse zu liefern und die sie umgebende kapitalistische Rechtsordnung weder zu legitimieren noch zu disqualifizieren, Resonanz und Verwendung ihres methodologischen Programms offenbaren die Richtung seiner praktischen Brauchbarkeit. Deshalb kann man die immer wieder von ihnen geäußerte Behauptung,[97] ihre Theorie verhalte sich gleichgültig gegenüber den aus ihr erwachsenden praktisch-politischen Konsequenzen, nur als Verantwortungslosigkeit ihrer Urheber deuten. Das ist aber nur die subjektive Seite des Vorgangs.

Der rechtsphilosophische Positivismus würde sich nicht als so beharrlich erwiesen haben, wenn er nicht gesellschaftliche Bedürfnisse befriedigen würde. Das um so mehr, als seine Herausbildung in der Gestalt der Reinen Rechtslehre unter eher ungünstigen Umständen erfolgte:

Der offizielle Triumph des juristischen Positivismus, wie er sich im 19. Jahrhundert in Deutschland herausgebildet hatte, war nach der Reichsgründung vollständig. Aber er war kurz. Binnen weniger Jahre erwies sich der Positivismus als ungeeignet oder jedenfalls als nicht ausreichend gegenüber den Anforderungen der herrschenden Klasse an eine Rechtstheorie. Der Positivismus brachte auf nahezu ideale Weise die Interessen der deutschen Bourgeoisie im Zustand ihres Klassenkompromisses mit dem Adel zum Ausdruck: den Verzicht auf eigene, unmittelbar ausgeübte *politische* Macht gegen die rechtlich regulierte Garantie ihrer *ökonomischen* Macht. Das Bürgertum hatte allen Anlaß, sich vor den sozialen und demokratischen Aktionen der Arbeiterklasse unter Bismarcks „bürokratisch gezimmertem, polizeilich gehütetem Militärdespotismus“ (Marx) für geborgen zu halten; gegenüber dem regierenden Adel glaubte es sich durch gewisse rechtsstaatliche Einrichtungen — Selbsteinschränkung der Staatsgewalt durch ihr Recht, parlamentarischer Gesetzesbegriff, Bindung des Gesetzgebers an die Verfassung, Bindung von Exekutive und Justiz an das Gesetz — genügend abgesichert (natürlich war es in Wirklichkeit die ökonomische Verflechtung zwischen der Industriebourgeoisie und den allmählich zu Agrarkapitalisten werdenden Junkern).

Aber mit der überaus raschen Entwicklung des deutschen Kaiserreiches zu einer kapitalistischen Großmacht mit ausgeprägt expansionistischen Gelüsten, aber auch mit dem Erstarken eines revolutionär geführten Proletariats ergaben sich Veränderungen in der Interessenkonstellation des in seine monopolistische Phase wachsenden Kapitalismus, die nicht ohne Einfluß auf die herrschende Ideologie bleiben konnten.

Erst recht wurden die Unzulänglichkeiten des überkommenen Positivismus für die sich verändernden Anforderungen des Bürgertums bloßgelegt, als das kapitalistische Gesellschaftssystem in seine allgemeine Krise geriet und sich zu seinen inneren Widersprüchen der weltweite Widerspruch zwischen Arbeiterklasse und Bourgeoisie, Kapitalismus und Sozialismus gesellte.

In solch einer Periode sank aber auch ganz folgerichtig der ideologische Kurswert des juristischen Positivismus als eigenständige Strömung. Für die intellektuelle Unproduktivität der imperialistischen Bourgeoisie ist es charakteristisch, daß ihre nunmehr benötigten Rechtstheorien — mit gewissen Ausnahmen, zugegeben — durch einen Rückgriff auf abgelegte Hüte als *Neo*kantianismus, *Neo*thomismus oder gar als wiederbelebtes Germanentum zustande kamen. Soweit Hegel und Kant davon betroffen, ging es nicht ohne eine Deformierung ihres zentralen theoretischen Anliegens ab.

Da wettert der ältere Ihering[98] gegen seine positivistischen Jugendsünden, als er selbst den Tummelplatz für die Akrobaten scholastischer Spitzfindigkeiten aufbauen half, mit einem: nicht was die Logik, sondern was das Leben fordert, habe zu geschehen, „möge es logisch deduzierbar oder unmöglich (!)

sein". Gleichzeitig definiert er ganz offen den Schutz des Eigentums als Grundlage der bürgerlichen Rechtsordnung, legitimiert den Expansionstrieb der Staaten und ermuntert die Inhaber der Staatsgewalt, wenn es not tue, die Gesetzlichkeit abzustreifen, denn auch der Kapitän werfe die Ladung über Bord, wenn es gelte, Schiff und Mannschaft zu retten.

Solche pragmatischen, gefährlich aktuellen Gedankengänge, die sich in den werbewirksamen Pamphleten der Freirechtsschule zu einem Generalangriff auf eine rationelle, der Logik verpflichtete Jurisprudenz verdichteten, aber auch Gierkes Beschwörungsversuche altgermanischer Rechtsgedanken kritisierten wie Kohlers und Stammlers Neoidealismus oder Gumplowicz' rassistisch und geopolitisch eingefärbte Argumentationen den juristischen Positivismus. Wohlgemerkt, man kritisierte nicht an ihm, *daß* er den machtausübenden Kräften Handlangerdienste leistete, man kritisierte, *wie* er das tat, und in der offen ausgesprochenen Sorge, daß dieses Geschäft mit seiner Methode nicht wirkungsvoll, nicht beweglich genug getan werden konnte. Es handelt sich also dabei um eine Kritik von rechts, wie richtig bemerkt worden ist.[99]

In dieser Situation wurde die Unzulänglichkeit des juristischen Altpositivismus für die sich verändernden Anforderungen des Bürgertums offenbar. Der Altpositivismus mußte abdanken oder sich selbst verändern. Daß er letzteres tat und sich zum Neopositivismus veränderte, am meisterhaftesten in Gestalt der Reinen Rechtslehre Hans Kelsens, deutet darauf hin, daß die Bourgeoisie auf das von ihm gelieferte Gedankengut nicht verzichten konnte, auch wenn er als eigenständige Strömung nicht *mehr*, aber auch *noch* nicht up to date war.

Entstehungs- und Wirkungsgeschichte beweisen, daß der Neopositivismus Kelsenscher Prägung deshalb zu einer der juristischen Standardideologien in der bürgerlichen Welt von heute geworden ist, weil die Reine Rechtslehre den Anforderungen des staatsmonopolistischen Kapitalismus an eine positivistische Rechtstheorie — als eigene Richtung, aber auch als Gedankenlieferant für andere Richtungen — in hervorragender Weise gerecht wird.

Der rechtsphilosophische Neopositivismus widerspiegelt Bedürfnisse des regierenden Monopolkapitals, die er auf seine Weise befriedigen hilft, und das in fünffacher Hinsicht:

a) Zunächst hält der juristische Neopositivismus eine transzendental-logische Rechtfertigung für die Unterordnung des Volkes unter den Staatsapparat bereit, wobei er zugleich die bürgerliche Gesetzlichkeit zu zersetzen wie vorzutäuschen hilft.

Die Reine Rechtslehre ist eine Rechtfertigungstheorie der bürgerlichen Gesellschaft in ihrem zeitgenössischen Entwicklungsstadium. Daß sie das bürgerliche Recht nicht nur analysiert (wie sie vorgibt), sondern legitimiert, zeigt sich besonders augenfällig in den Darlegungen Kelsens,[100] in denen seine Konstruktion der anrüchigen Grundnorm auch als Antwort auf die Frage, „Warum das Recht befolgt werden soll", angeboten wird.

So liefert Kelsen ein korrektes Korsett für eine hörige Justiz, ohne Rücksicht auf Humanitätsduselei. Wie sagte doch der von ihm hochgeachtete Bergbohm? „Und gerade dem um seiner Schädlichkeit oder *Inhumanität* willen mißfälligen Recht gegenüber bewährt sich erst des *reinen Juristen* vornehmste Tugend: Die Fähigkeit, seinen Verstand jeder Beeinflussung selbst durch die tiefsten persönlichen Überzeugungen und heißesten Herzenswünsche zu entziehen."[101]

Die von der Reinen Rechtslehre für die gesamte Rechtsordnung philosophisch verbrämte radikale Trennung von Rationalität und Humanität hat ganz sicher dazu beigetragen, daß der deutsche Imperialismus die dominierende Rolle der Rechtssicherheit (gleich welchen Inhalts) bis hin zur wohlorganisierten Friedhofsruhe in halb Europa dann auch praktisch gestalten konnte.

Natürlich wäre es naiv anzunehmen, daß die Richter und Staatsanwälte der Weimarer Republik in ihrer Mehrheit Anhänger der Reinen Rechtslehre Kelsens waren und deshalb willig auch Hitler Handlangerdienste leisteten. Den juristischen Praktikern war normalerweise ohnehin höchstens in der Stunde ihres ersten Staatsexamens der rechtsphilosophische Neopositivismus als *System* geläufig. Aber die *Haltung*, zu der die Studenten, Referendare und Assessoren von den positivistischen Professoren erzogen worden waren, als gesinnungslose Gesetzes- und Befehlsvollstrecker zu dienen, hat Machtantritt und Machtausübung der terroristischen Monopoldiktatur begünstigt. Nicht ein einziger Angehöriger des republikanischen Reichsgerichts der Weimarer Periode lehnte es aus innerer Überzeugung ab, auch dem dritten Reich zu dienen: keiner der Richter und Ankläger verweigerte Hitler den Eid![102] Erscheint das nicht wie eine textgetreue Realisierung der ein Jahr zuvor von Gustav Radbruch[103] als Richterpflicht bezeichneten Blankohingabe der eigenen Persönlichkeit an eine Rechtsordnung, deren künftige Wandlungen man nicht einmal ahnen könne? —

Mit dem Hinweis auf die nun einmal erforderliche Gesetzestreue der Richter ist übrigens die Nazijustiz durch die in der Bundesrepublik herrschende Meinung[104] ganz pauschal von der Verantwortung für ihre Bluturteile freigesprochen worden: also auch Reinwaschungsargumentatoren bedient der Positivismus.

Es muß daher als Zynismus gewertet werden, wenn nach den blutigen Erfahrungen der Vergangenheit einer der Köpfe des bundesdeutschen Establishments[105] die rebellierende Jugend wiederum mit dem Hinweis auf den angeblich moralischen Wert des Rechtsformalismus unter die autoritäre Macht des Monopolkapitals zu beugen hofft.

Denn immer läuft am Ende die Argumentation der Positivisten darauf hinaus: da man nicht wissen könne, was gerecht sei, müsse man sich eben den Anforderungen des existenten Staates gegenüber konform verhalten. So weltmännisch die Sentenz auch klingt, daß nur die Gedanken*folge*, nie der Gedanken*inhalt* verifizierbar und die politische Überzeugung so wenig wie die religiöse objektiv sei, letztlich landen die Positivisten bei der Auslieferung des Menschen an die jeweiligen Inhaber der Staatsgewalt. Auch ein Kelsen attestiert (noch im kaiserlichen Österreich) den Schulbehörden, daß die prinzipiellen Grundlagen des jeweiligen Staates als die *einzig richtigen* gelehrt werden müßten![106]

So dient der erkenntnistheoretische Relativismus, der *seinen Worten nach*[107] jede Wertung des Rechts als Einmengung der Metaphysik in den Bereich der Erfahrung verleumdet, *tatsächlich* der Unterordnung des Menschen unter eine jedenfalls nicht wissenschaftlich, also nur metaphysisch legitimierte Staatsgewalt. Denn daß sich eine regierende Arbeiterklasse mit einer relativistischen Rechtfertigung ihres Rechts zufriedengibt, ist nicht zu befürchten: die Stärke ihres Staates besteht ja gerade darin, daß die Volksmassen um die gesellschaftlichen Wurzeln ihrer Ordnung wissen, deren Weiterentwicklung nach objektiven Maßstäben erfolgt. Eine transzendental-logische Legitimation ihres Rechts kommt immer nur für eine Ausbeuterklasse in Betracht.

Mehr noch. Der Positivismus des 19. Jahrhunderts hatte die Forderungen der Aufklärer nach Gesetzlichkeit — wenn auch entschärft und entleert — so doch anerkannt.

Inzwischen hat sich aber auch die positivistische Heiligsprechung des Gesetzes als voreilig erwiesen. Denn das bürgerliche wie jedes Privatinteresse geht nicht auf die Herrschaft der Gesetze, sondern auf seine eigene Herrschaft aus. Und gerade beim Übergang zum Imperialismus gibt es ständig Kollisionen zwischen (bürgerlichem) Gesetz und (bürgerlichem) Klasseninteresse. Selbst das BGB, in dessen Bestimmungen die Positivisten das römische Recht an die Bedürfnisse der kapitalistischen Warenzirkulation angepaßt hatten, bedurfte bald der außerlegalen Ergänzung und der so jedenfalls nicht geplanten ständigen Strapazierung von Generalklauseln. Erst recht war die Bourgeoisie beim Strafrecht mehr noch als auf ihr Klassen*recht* auf die Klassen*justiz* angewiesen, um den für den Terror nach außen erforderlichen Terror nach innen durchzusetzen.

Hatten sich die Altpositivisten leichten Herzens für die Gesetzlichkeit als staatlicher Leitungsmethode entschieden (warum sollte auch nicht alles legal sein — wenn ein Gesetz gebraucht wurde, konnte man es ja erlassen!), so zeigte sich jetzt, bei einer starken Arbeiterpartei im Parlament, der Pferdefuß einer solchen Position. Der Altpositivismus hatte es sich verbeten, daß die „Untertanen", gestützt auf das Naturrecht, dem positiven Recht Widerstand leisteten, weil an jenem der Frevelgeruch der Revolution hafte; jetzt beginnt man, Überlegungen in entgegengesetzter Richtung anzustellen. „Setzen wir den nicht ganz unmöglichen Fall", heißt es da,[108] „daß in einem Staat die Sozialdemokraten für einige Zeit die Mehrheit in den gesetzgebenden Kammern erlangen, die Regierungsgewalt in ihre Hände bekommen und nun anfangen, Gesetze nach ihrem Sinne zu schmieden, wie z. B. Privateigentum an Produktionsmitteln ist abgeschafft ... usw. Was will eine rechtspositivistische Minderheit gegen solche Gesetze einwenden?"

In einer solchen Periode, da sich die herrschende Klasse in ihrem Drang nach *maßloser* Ausbeutung und Unterdrückung durch ihre eigenen Gesetze gehemmt und von proletarischen bedroht sah, versuchte sie naturgemäß, diese für sie fatale Gesetzlichkeit zu durchbrechen und loszuwerden.[109]

Der Neopositivismus ist es nun, der die verbliebenen Restbestände an (bürgerlichem) Demokratismus in der Rechtstheorie bereitwillig abbaut. In diese Richtung zielen Kelsens Auflösung des Normbegriffs und seine Rechtsstaatskonzeption. Im bewußten Gegensatz zu den gewiß kompromißlerischen Forderungen nach einem (bürgerlichen) Rechtsstaat[110] erklärt Kelsen diesen Terminus zu einem Pleonasmus und damit *jeden* Staat zu einem Rechtsstaat.[111] Seine Konstruktion einer „formalen Autorität" des Staates führt er schließlich zu dem Ergebnis, ihn mit „rechtlicher Unfehlbarkeit" zu krönen.[112]

Indem Kelsen weiterhin den gesetzlichkeitsfundierenden Normbegriff auflöst, ebnet er jeder beliebigen staatlichen Willkür einen formallogisch einwandfreien Weg. Bis dahin verlangten die bürgerlichen Rechtstheoretiker, daß die staatlichen Individualakte (Gerichtsurteile, Weisungen, Befehle) formallogisch korrekt aus den generellen Rechtsnormen abgeleitet sein müßten, um gesetzlichkeitsgemäß zu sein. Kelsen hingegen bezieht die Individualentscheidungen staatlicher Organe in seinen Normbegriff ein, leugnet die logische Ableitbarkeit etwa der Gerichtsurteile aus gesetzlichen Bestimmungen und bietet seine Reine Rechtslehre als theoretisches Fundament der Freirechtslehre, später auch des amerikanischen Rechtspragmatismus an.[113] Sein Schüler Merkl[114] zieht daraus hemmungslos die Konsequenz: Das Gesetz sei nur Rohprodukt des Rechts; die Justiz führe unter allen Umständen zum Recht; es sei Aufgabe der Rechtstheorie — die Feder sträubt sich, es zu schreiben —, den „Justizmord als vollendete Rechtmäßigkeit darzustellen". Bleibt zu bemerken: dieser Aufgabe ist die Reine Rechtslehre gerecht geworden.

b) Zweitens bietet der juristische Neopositivismus eine Methodik und ein Begriffssystem, die den Regulierungsbestrebungen des staatsmonopolistischen Kapitalismus bei gleichzeitiger totaler Verschleierung des Klassencharakters der Gesellschaftsordnung und ihres politisch-juristischen Leitungsmechanismus gerecht werden.

Da die Neopositivisten die logische Verarbeitung geltender Rechtsnormen zur (alleinigen) Aufgabe der Rechtswissenschaft erklärten, haben ihre Anhänger mit der Zeit beachtliche Vorarbeit geleistet, um die jeweilige Rechtsordnung als vollständiges, widerspruchsloses und entscheidungsdefinites Kodifikat darstellen zu können. Voraussetzung hierfür waren allerdings eine Überwindung der Zersplitterung — es gab zivilrechtliche, staatsrechtliche, strafrechtliche, völkerrechtliche Positivismen — und die Konstruktion eines alles Recht umfassenden formaleinheitlichen Rechtssystems.[115]

Auf dieser Grundlage, nicht immer bewußt, sind inzwischen Lösungen entwickelt und teilweise praktiziert worden,[116] die zweifellos geeignet sind, etwa das jeweilige bundesdeutsche Herrschaftssystem funktionstüchtiger zu machen und für Gesetzgebung und Gesetzanwendung die Möglichkeiten auszunutzen, die sich insbesondere aus der nichtnumerischen Datenverarbeitung ergeben.

Mit der von ihm entwickelten formalen Rationalität des Rechts bietet sich die Reine Rechtslehre geradezu als *die* Theorie an, die den Bedürfnissen der „industriellen" oder „postindustriellen" Gesellschaft (oder wie das Modewort gerade heißt) angemessen ist und deren Formalisierungsleistungen von ihren existentialistischen oder neothomistischen Nachbarideologien in dieser Weise nicht geboten werden können.

Weil es dem Positivismus aber immer nur um strukturelle Variabilität *innerhalb* eines vorgegebenen Normenkörpers gehen kann — der Jurist, der sich mit nichtformalen Dingen beschäftigt, müsse sich bewußt sein, daß er dabei ebensowenig Jurist sei wie beim Flötenblasen[117] —, reicht selbst die von ihm erarbeitete Strukturtheorie nicht aus, die diesbezüglichen Bedürfnisse der herrschenden Klasse zu befriedigen: die positivistische Rechtstheorie ist ergänzungsbedürftig durch anders angelegte Theorien, die, über eine Perfektionierung des bereits erreichten Herrschaftssystems hinausgehend (das bietet der Positivismus), eine inhaltliche Ausrichtung für künftige Erfordernisse liefern.

Die von der Reinen Rechtslehre propagierte Beschränkung auf strukturtheoretische Untersuchungen verbindet sich in gemeingefährlicher Weise mit der Verschleierung aller wesentlichen, weil den Charakter der Gesellschaftsordnung aufdeckenden Probleme. Indem das Recht ausschließlich als eigengesetzlich, d. h. als ohne jede gesellschaftliche Bezugnahme untersuchungsfähig,[118] behandelt wird, verleumdet man die Frage nach dem Klassencharakter des Rechts als nur auf dem Weg „theologisch-metaphysischer Spekulation" beantwortbar.[119] Der Klassencharakter des Rechts, seine existenznotwendige Eigenschaft, die materiellen Lebensbedingungen herrschender Gesellschaftsklassen widerspiegeln und durchsetzen zu helfen, ist aber das wichtigste Untersuchungsobjekt der Rechtstheorie.

Es kann also gar keine Rede davon sein, daß in der Lehre Kelsens mehr Entmystifizierung als Apologetik enthalten sei.[120] Er ist vielmehr von Beginn an als Kämpfer gegen den Materialismus angetreten.[121] Und tatsächlich findet sich derjenige, der dem Positivismus wegen seines Rationalitätsanspruchs auf den Leim gegangen ist, auf ein Abstellgleis geschoben, auf dem er seine rationalen Spielübungen machen darf. Denn daß die Reine Rechtslehre unproduktiv ist, ist auch ihren Konstrukteuren nicht verborgen geblieben; ja, sie sei der Mathematik auch dadurch entgegengesetzt, daß sie nicht einmal etwas zu beweisen habe![122]

Der vom Neopositivismus aus grundsätzlichen Erwägungen geübte Verzicht auf Kritik an den gesellschaftlichen Wurzeln des Rechts birgt die Bejahung der Gesellschaft als Ganzes einschließlich ihres Rechts in sich. Seine vielgerühmte Positivität läuft am Ende auf Kritiklosigkeit hinaus!

Die Reine Rechtslehre läßt keine gesamtgesellschaftlichen Entwicklungsgesetzmäßigkeiten gelten — die Rechtsgeschichte falle außer Betracht, heißt es bei Kelsen lakonisch,[123] und: ein soziologischer Begriff des Rechts gleiche einem sittlichen Begriff des freien Falles.[124] So wird der doch organische Zusammenhang zwischen ökonomischer und politischer Macht auseinandergerissen, und es erscheint der juristische Regelungsmechanismus bürgerlicher Staaten als nicht durch den gegenwärtigen Monopolkapitalismus bedingt, als klassenneutral. Der Jurist braucht sich dann, wie es in einer gutgemeinten Studie heißt,[125] nur noch davor zu hüten, vom Standpunkt der Klasse aus zu denken, der er angehört, um seiner Aufgabe technokratisch gerecht zu werden.

Der Positivismus genießt infolge seines Anspruchs, rationale Methoden zur Verfügung zu stellen, die *zunächst* verständliche Sympathie gewisser progressiver Kreise von Intellektuellen, die nach Verbündeten und geistigen Waffen in der Auseinandersetzung mit dem theologischen Offenbarungsbegriff und dessen gedankenlyrischem Analogon, der phänomenologischen Wesensschau, suchen. Und tatsächlich hat es individuell-katalysatorische Wirkungen Kelsens gegeben: die Bekanntschaft mit seinem Werk trug zum Nachdenken über den wirklichen Weg aus einer metaphysisch verseuchten Rechtswissenschaft bei, wie dieser und jener zu berichten weiß. Ganz überwiegend hat jedoch der Neopositivismus als Auffangbecken für nach links drängende Kräfte gewirkt, deren spontane Zuneigung zum Rationalismus für logische Denkübungen innerhalb des Rechtssystems ausgenutzt und deren „Abgleiten" in den Materialismus gleichzeitig verhindert wurde. Und alles nur, um das Interesse an der Kritik nicht zu einer Kritik an Interessen werden zu lassen.[126]

So demonstriert der Positivismus mit seiner Partialrationalität und vernunftlosen Mathematik die Wahrheit jenes Gedankens aus der Aufklärungszeit, den Anselm Feuerbach einprägsam zu formulieren wußte: „Einsicht und Wissenschaft sind nur bis zu einem gewissen Grade dem Despotismus zuträglich, nur soweit als sie taugen, die aufbrausende Wildheit zu ruhigem Gehorsam zu dämpfen ..."[127]

c) Drittens überwindet der juristische Neopositivismus die bekannte Schwäche des Altpositivismus, eine nur passive Apologie zu liefern, nur „eindimensional" zu argumentieren, indem er sich als eingliederungsfähig in die einflußreichen Weltanschauungen des Bürgertums von heute erweist.

Um die Jahrhundertwende zeigte sich nämlich, daß der bis dahin entstandene Rechtspositivismus wohl geeignet war zur *Disziplinierung* des Staatsapparates, nicht aber zur *Mobilisierung* des Volkes. Da die kaiserliche Faust einer imperialistisch werdenden Bourgeoisie jedoch Kolonialismus und Neuverteilung der Welt — und das mit kriegerischen Mitteln — betrieb, konnte eine auf metaphysische Untermauerung des Rechts bewußt verzichtende Theorie nicht genügen. Was man — zumindest auch — brauchte, war eine *aktive* Apologie der bürgerlichen Existenzweise. Außerdem wurden verbrämungsideologien für die *Zielstellungen* der regierenden Bourgeoisie benötigt. Und auch da versagte eine Theorie, die von vornherein darauf verzichtete, den Erlaß ganz bestimmter Rechtsnormen zu rechtfertigen, ja, die das Recht überhaupt aus jeder Zweck-Mittel-Relation herauszulösen trachtete. Was man – zumindest auch – brauchte, war eine *direkte* Apologie der bürgerlichen Existenzweise.

Daß der Neopositivismus diesen auf Metaphysik zielenden Anforderungen nicht entgegentritt, mag dem verwunderlich erscheinen, der die ständigen Beteuerungen Kelsens, er liefere eine nichtmetaphysische Rechtslehre, allzu ernst nimmt. In Wirklichkeit kann kein Positivismus ernsthafte Erfolge gegen Klerikalismus und Phänomenologie erzielen, weil ja nach einer seiner Fundamentalthesen Irrationalismus und Wissenschaft sich weder zu bestätigen noch zu widerlegen vermögen: in der Nachfolge Carnaps meint Kelsen, daß die Annahme einer göttlichen Weltordnung weder verifizierbar noch falsifizierbar sei.[128] Schon eher läßt sich die Funktion des Positivismus dahin deuten, daß er den Irrationalismus durch seine überwiegende Scheinrationalität vor den Attacken einer materialistischen Dialektik abzuschirmen versucht.

Aber der rechtstheoretische Neopositivismus geht noch wesentlich weiter. Kelsen konzediert zunächst eine gewisse Ähnlichkeit zwischen der (katholischen) Naturrechtslehre einerseits und der Reinen Rechtslehre andererseits, weil beide die Geltung des Rechts mit einer nicht dem positiven Recht zugehörigen Norm (er selbst mit der transzendental-logisch konstruierten Grundnorm, die Thomisten mit der göttlich inspirierten Naturrechtsnorm) begründen.[129] Doch das wäre nur eine äußerliche, nicht unbedingt zu inhaltlichen Gemeinsamkeiten führende Übereinstimmung.

Inzwischen hat aber Kelsen in einer ganz entscheidenden inhaltlichen Frage unter dem Eindruck der Kritik den Rückzug angetreten: Hatte er früher behauptet,[130] daß nicht zur gleichen Zeit eine Moralnorm A und eine Rechtsnorm non-A gültig sein könnten (woraus er schloß, daß es neben der positiven Rechtsordnung keine gültige Naturrechtsordnung gebe), so bekennt er sich nunmehr zu der Einsicht,[131] daß der Satz vom ausgeschlossenen Widerspruch wohl für Aussagen, nicht aber für miteinander in Konflikt stehende Normen gelte. Damit dürfte er wohl recht haben, nur: da die von ihm aufgegebene Meinung die festeste Stütze seines jahrzehntelangen Antinaturrechtlertums war, steht er jetzt dem Angriff der Neothomisten haltlos gegenüber.

Seine beiden ältesten Schüler haben ohnehin die von ihm zum Naturrecht hin nur angelehnte Tür längst aufgestoßen und die Reine Rechtslehre als mit der klerikalen Naturrechtslehre amalgamierungsfähig ausgebaut: Merkl und Verdroß, beides inzwischen päpstlich hochdekorierte Enzyklikenkommentatoren, haben über eine der beiden Achillesfersen der Reinen Rechtslehre, die Grundnorm, die Einheit von positivem Recht und Naturrecht hergestellt und vom katholischen Standpunkt aus die positivistische Jurisprudenz zu einer Hilfswissenschaft (!) der Ethik erklärt.[132]

Und Kelsen selbst, der sich einst damit gebrüstet hatte,[133] daß erst durch ihn die Rechtstheorie aus dem Niveau der Theologie in die Linie der modernen Wissenschaft vorgerückt sei, spricht nunmehr offen als advocatus Dei und vom Weg des Rechtspositivismus zur Naturrechtslehre als von einem Aufstieg (!) der Wissenschaft zur Theologie.[134] Nicht zufällig ist es daher, wenn er am Beginn der *ersten* Auflage seiner Reinen Rechtslehre die Jurisprudenz von „Biologie" und „Theologie" zu reinigen verspricht und in der *zweiten* Auflage diese beiden Angriffsziele gegen „Ethik" und „politische Theorie" austauscht.[135] Auf klerikale, ihn als Atheisten anprangernde Vorwürfe antwortete er schließlich: „... mit keiner Silbe habe ich versucht, die Moraltheologie aus ihren Grundlagen zu heben oder das religiöse Denken durch Zerstörung seiner Grundlagen zu vernichten ... Ich bin weit davon entfernt, gegen die katholische oder irgendeine Religion Stellung zu nehmen ..."[136]. Was man nur bestätigen kann.

Wenn es noch eines Beweises dafür bedurft hätte, daß der Neopositivismus im Rahmen der bürgerlichen Gesamtideologie eine arbeitsteilig funktionierende Rolle spielt, das Zusammenwirken von thomistischer Rechtsontologie mit der Reinen Rechtslehre dürfte ihn wohl erbracht haben.

Übrigens sind auch die Grenzen zwischen ihr und der Phänomenologie gefallen.[137] Über die andere Achillesferse der Reinen Rechtslehre, die Abhängigkeit der Geltung des Rechts von seiner Wirksamkeit, hat auch die pragmatische Richtung ihre Weichen zum Neopositivismus gestellt; und selbst der Weg zur anthropologischen Rechtsbetrachtung wird durch den Positivismus hindurch und nicht konträr zu ihm gegangen.[138]

Das sind mehr als nur Anzeichen dafür, daß die bürgerliche Lebensweise positivistisches Gedankenmaterial auch dann produziert und benötigt, wenn der Positivismus als eigenständige Richtung seine Vorherrschaft eingebüßt hat.

Wie verhältnismäßig leicht sich jedoch der Neopositivismus mit offenen Irrationalismen verschmelzen läßt, mit denen er jahrzehntelang in Professorengezänk verstrickt war, beweist, daß beide Geist sind von *einem* Fleische.

d) Viertens liefert der juristische Neopositivismus eine angeblich werturteilslose, in Wirklichkeit antikommunistische Demokratiekonzeption, die von allen Gesellschaftsklassen und -systemen annehmbar zu sein vorgibt.

Das macht die Reine Rechtslehre dem herrschenden Bürgertum doppelt genehm, daß ihr Schuloberhaupt seine weltanschaulich scheinneutralen Abhandlungen immer dann mit offen antimarxistischen Begleittexten versieht, wenn die Herrschaft des Bürgertums wackelt.

Im ersten Weltkrieg hatte sich Hans Kelsen als letzter Berater des letzten Kriegsministers des letzten Kaisers von Österreich sein Militärverdienstkreuz wohl verdient: er war mit dem Versuch betraut, die zerbröckelnde Habsburg-Monarchie in einen zentraleuropäischen Völkerbund mit kaiserlichem Oberhaupt hinüberzuretten. Wie Merkl und Verdroß diente auch Kelsen als Beamter dem Kaiser und der Republik. Er war sogar von seiner Caféhaus-Bekanntschaft Karl Renner beauftragt worden, an der republikanischen Verfassungsvorbereitung mitzuarbeiten. Wenn es stimmt, was offiziell behauptet wird,[139] daß Kelsen der Schöpfer der im wesentlichen auch heute gültigen Verfassung Österreichs ist, dann läßt das Fehlen eines Grundrechtskatalogs in ihr gewisse Rückschlüsse auf das politische Programm ihres Urhebers zu.

Anfang der zwanziger Jahre veröffentlichte Kelsen politische Streitschriften gegen den Marxismus-Leninismus, die auch heute noch von sozialdemokratisch-revisionistischer Seite[140] als Hilfe bei dem Bemühen empfunden werden, das Proletariat vom Marxismus zu „befreien". Damals führten sie zu einer literarischen Polemik mit Max Adler, dem Kelsen — trotz gemeinsamer neokantianischer Grundlage — denn doch zu weit ging.[141]

Unmittelbar nach dem zweiten Weltkrieg, als wiederum der Kampf der Völker einen gewaltigen Linksrutsch erzwungen hatte, lieh Kelsen ein weiteres Mal seine Feder den Gegnern der klassenbewußten Arbeiterbewegung, diesmal US-amerikanisch honoriert.

Es lohnt nicht, all die Schnitzer breitzutreten, die sich Kelsen beim Umgang mit einigen der literarischen Quellen des Marxismus-Leninismus leisten zu können meinte.[142] Auch sind seine Quellenkenntnisse nicht eben überwältigend, und allzu deutlich wird zudem, daß seine Ausführungen von Absichten, nicht von Einsichten getragen sind. Vorurteile sind eben keine Teilklasse wissenschaftlicher Urteile. Wenn irgendwo, hier gilt der Satz, daß man immer nur das aus anderen herausliest, was man selbst versteht.

Der *offen* antikommunistische Charakter der von der Reinen Rechtslehre entwickelten politischen Theorie besteht darin, daß sie Zielstellung und Methoden des Marxismus-Leninismus als angeblich irrational verunglimpft, daß sie Marx den Anarchisten gleichstellt, daß sie Widersprüche zwischen Marx und Lenin erfindet, daß sie die Entwicklung einer dialektisch-materialistischen Rechtstheorie für gescheitert erklärt, und was dergleichen Ungereimtheiten mehr sind.[143] Ohne selbst Revisionist zu sein — er hat nie beansprucht, auf dem Boden eines, wenn auch „verbesserungsbedürftigen" Marxismus zu stehen —, betätigte Kelsen sich als Ideenlieferant für Revisionisten.

Der *versteckt* antikommunistische Charakter der von der Reinen Rechtslehre entwickelten politischen Theorie besteht vor allem in ihrer antidemokratischen Demokratie-Konzeption. Fragen der Demokratie stehen bekanntlich im Mittelpunkt der gegenwärtigen ideologischen Auseinandersetzungen zwischen Kapitalismus und Sozialismus.[144]

Kelsen, der die realen Widersprüche innerhalb der Gesellschaft für eine Erfindung der Hegelschen Dialektik hält, entwickelt eine seiner Reinen Rechtslehre adäquate Lehre von einer reinen, d. h. jeglichen sozialen Inhalts entblößten, einer leeren Demokratie. Freiheit und Eigentum, politische und ökonomische Macht stehen nach dieser Auffassung[145] in keinerlei kausalem Zusammenhang; das Volk ist nur dem Verfassungstext nach souverän; Diktatur und Demokratie werden als politische Entgegensetzungen ausgegeben, so daß die Diktatur des Proletariats als nichtdemokratisch und die bürgerliche Demokratie als nichtdiktatorisch erscheinen.[146]

Diese formaldemokratische Konzeption der Reinen Rechtslehre ist eine Anwendung ihres erkenntnistheoretischen Ansatzes auf das Gebiet der Politik. Sie reflektiert die Haltung jener Kreise, die sich außerhalb des Klassenkampfes stehend bloß deshalb wähnen, weil sie *über* ihn sinnieren. Der von ihr konzipierte Demokratiebegriff wird als Form des politischen Relativismus (und der Relativismus als Weltanschauung der Demokratie) bezeichnet. Beides sei Ergebnis eines individuell-charakterlich bedingten Unglaubens an die Objektivierbarkeit politischer Werturteile.[147] Da aber die eigene *individuelle* Unfähigkeit zur *generellen* Norm erhoben und die erkenntnistheoretische Not als methodologische Tugend ausgegeben werden, ist es schon erforderlich, die gesellschaftliche Funktion dieser Art politischer Theorie aufzudecken: eine Theorie, in deren Gefüge dem Volk (von der Arbeiterklasse ganz zu schweigen) überhaupt kein Platz eingeräumt wird — es sei denn als Gegenspieler zum Individuum —, ja die sich weigert, auch nur irgendein materiales Kriterium namhaft zu machen, in einer Zeit, in der es um Leben und Tod ganzer Völker geht, ist tatsächlich antidemokratisch und antisozialistisch. Das gilt um so mehr dann, wenn sich diese Theorie als gedankliche Voraussetzung der Demokratie ausgibt, also sich anmaßt, als einzige Theorie wirklich demokratisch zu sein.

Man kann Kelsen nicht vorwerfen, daß er sich in der Weimarer Demokratie mit jenen zusammen getan hätte, die den Faschismus direkt vorbereiteten. Als die Reaktion zum Sturm auf den Restbestand an demokratischen Freiheiten blies und ausgerechnet Hindenburg zum „Hüter der Verfassung" erkor,[148] da hat Kelsen in einer tagespolitisch akzentuierten Gegenschrift auf gefährliche Folgen jener verfassungsfeindlichen Theorie aufmerksam gemacht.[149] Aber, und dieses Aber zeigt die ganze Haltlosigkeit einer inhaltsentleerten Rechtstheorie, sein eigener Vorschlag, ausgerechnet den Staatsgerichtshof als Verfassungshüter zu etablieren, ist doch bloß unter dem subjektiven Aspekt des guten Willens als besser zu bewerten. Als sich nämlich — unmittelbar nach dem Schriftenduell Schmitt/

Kelsen — der eine „Hüter“ zum Staatsstreich entschloß und am 20. Juli 1932 die sozialdemokratische Regierung Preußens nach Hause schicken ließ (jagen wäre zuviel gesagt!), da legitimierte der andere „Hüter“ durch Gerichtsurteil den Verfassungsbruch.[150] So wie in der politischen *Praxis* die Weimarer Demokratie durch Reichspräsident und Staatsgerichtshof arbeitsteilig ausgehöhlt wurde, so vollzog sich im Bereich der politischen *Theorie* ein Parallelvorgang zwischen Schmitt und Kelsen ungeachtet ihrer subjektiven Gegnerschaft: der eine war diktaturfordernd, der andere diktaturfördernd!

Übrigens hat sich auch 25 Jahre später das westdeutsche Bundesverfassungsgericht durch die von ihm selbst urteilsmäßig fixierte relativistische Auffassung, daß es im Bereich der politischen Grundanschauungen eine beweisbare Richtigkeit nicht gebe,[151] keineswegs daran gehindert gefühlt, die KPD zu verbieten.

So arbeitete die von der Reinen Rechtslehre angeblich geübte strengste Trennung von wissenschaftlicher Erkenntnis und politischem Werturteil der äußersten Reaktion in die Hände.

In diesem Zusammenhang ist folgendes nicht zu übersehen: Kelsen stellt, was ihr Verhältnis zur Rationalität anlangt, Marxisten und Theologen verbal gleich; tatsächlich greift er aber den Marxismus an, während er vor der Theologie in die Knie geht. Kelsen stellt, was ihr Verhältnis zur Demokratie anlangt, Kommunisten und Faschisten verbal gleich, tatsächlich verschont er aber den Faschismus und konzentriert seine Kritik auf den Kommunismus.

Besonders in den letzten Monaten vor dem Machtantritt Hitlers hat Kelsen[152] mit seinem: Aufgabe der Wissenschaft sei es lediglich, zwischen Diktatur und Demokratie zu *unterscheiden*, nicht aber, zwischen ihnen zu *entscheiden*, und: die Demokratie müsse ihre Feinde an der eigenen Brust nähren, das sei nun mal ihr Schicksal, und: man müsse seiner Fahne treu bleiben, auch wenn das Schiff sinke, die Position derer bezogen, die sich und ihr Land lieber dem Faschismus auslieferten, als die Chance wahrzunehmen, mit den Kommunisten gemeinsam über ihn zu siegen.

Als er übrigens, von den Nazis verjagt, in Prag Vorlesungen zu halten begann, drängten unter anderem die kommunistischen Studenten die randalierenden Vorreiter Heydrichs aus dem Hörsaal.

Nach dem zweiten Weltkrieg vollzog sich in der antikommunistischen Grundhaltung Kelsens ein wohlzubeachtender Funktionswandel: setzte er sich in der Weimarer Zeit ziemlich bewußt zwischen die Stühle, bezieht er nun auch äußerlich einseitig Partei.

Unter den Bedingungen der Weimarer Republik erwies sich sein Antikommunismus als ideologisches Hemmnis für die Durchsetzung seiner subjektiv vom bürgerlichen Liberalismus geprägten Position. Sein Antikommunismus war damals eine *Torheit.* Jetzt hingegen erweist er sich als wohlberechneter Teil einer *antikommunistischen Gesamtstrategie*: er hat aufgehört, Torheit zu sein und Verblendung; er ist Ziel geworden und Absicht.

Drei Jahre, nachdem die Sowjetunion mit den Westmächten alliiert (und von ihnen lange genug boykottiert, was die zweite Front anlangt) Kelsens Heimat von den Nazis befreit hatte, stellte das Haupt der Reinen Rechtslehre[153] die Sowjetunion mit Nazideutschland gleich und neigte zu der seine frühere „Neutralität" aufgebenden Meinung, daß ausschließlich ein kapitalistischer Staat eine wirkliche Demokratie sein könne („only a capitalist state can be a true democracy").

e) Schließlich bietet der juristische Neopositivismus eine rechtstechnische Rechtfertigung internationaler und außenpolitischer Bedürfnisse monopolkapitalistischer Regimes.

Zum Unterschied vom preußisch-deutschen Altpositivismus in der Rechtswissenschaft, der die Interessen der Bourgeoisie Deutschlands im Zustand ihres Klassenkompromisses mit dem Adel zum Ausdruck brachte und insofern provinzialistische Züge aufwies, ist für die Reine Rechtslehre ein kosmopolitisches Gepräge kennzeichnend. Sie abstrahiert weitgehend von der kontinentaleuropäischen, durch das Erbe des römischen Rechts bedingten Spezifik und bietet sich als Theorie an, die auch für Rechtsordnungen mit Case-law-Tradition geeignet ist. Da sie sich außerdem mit dem seit Austins Zeiten dominierenden angelsächsischen Positivismus verbündet hat, ja sich als dessen konsequentesten Verfechter empfiehlt[154] und so manche Ergebnisse des logischen Positivismus ihrem eigenen Gedankenmaterial einzuverleiben gewußt hat,[155] sind ihrem Anspruch auf internationale Geltung ernstzunehmende Erfolge nicht versagt geblieben.

Soweit dieser Anspruch auf eine theoretische Vereinheitlichung kapitalistischer Rechtsgrundlagen zielt, widerspiegelt er einen objektiv bedingten Prozeß tatsächlicher Rechtsvereinheitlichung zwischen kapitalistischen Staaten, einer Unterordnung der Kleinen unter die Großen. Der juristische Neopositivismus erhebt darüber hinausgehend Anspruch auf „Neutralisierung" der hauptsächlichen Gegensätze der heutigen Welt in einer den Bedürfnissen der kapitalistischen, der sozialistischen und der Entwicklungsländer gleichermaßen gerecht werdenden Theorie.

In diese Richtung weist die von Kelsen immer wieder[156] herausgearbeitete Tendenz, die „Grenzlinie zwischen Völkerrecht und einzelstaatlicher Rechtsordnung zu verwischen" und die Ausbildung einer universalen Weltrechtsgemeinschaft innerhalb eines Weltstaates anzustreben.

Auch wenn Kelsen dieses Postulat rechtstechnisch, aus Gründen einer „erkenntnismäßigen Einheit alles geltenden Rechts", begründet, kommt es als (passive) Apologie dem Weltherrschaftsanspruch der imperialistischen Bourgeoisie entgegen. Das gilt um so mehr, als die Reine Rechtslehre *beide* Varianten des bisherigen imperialistischen Umgangs mit staatlicher Souveränität und Völkerrecht für wissenschaftlich vertretbar erklärt und sich dann für diejenige Variante entscheidet, die der Strategie des amerikanischen Imperialismus nach dem zweiten Weltkrieg entspricht; die den Erfordernissen des Völkerrechts der friedlichen Koexistenz angemessene Souveränitätsauffassung verleumdet sie hingegen als unwissenschaftlich.

Konkret: Theorien über das Verhältnis von Völkerrecht und innerstaatlichem Recht sind im Zeitalter des weltweiten Übergangs vom Kapitalismus zum Sozialismus von außerordentlicher Bedeutung. Widerspiegeln und fördern (oder hemmen) sie doch den kolonialen und nationalen Befreiungskampf der Völker, aber auch die Aggressionsinteressen imperialistischer Großmächte.

Das seit der Oktoberrevolution entstandene Völkerrecht wertet die Achtung vor der staatlichen Souveränität als eines ihrer (verbindlichen) Grundprinzipien. Da gleichzeitig das Selbstbestimmungsrecht der Nationen und Völkerschaften zur verbindlichen Völkerrechtsnorm geworden ist, erkennt das allgemein-demokratische Völkerrecht der friedlichen Koexistenz von Staaten mit unterschiedlicher Gesellschaftsordnung die Souveränität nicht mehr schlechthin als Eigenschaft einer von ihrem sozialen Inhalt abstrahierten Staatsgewalt an, sondern begreift sie als Instrument zur Verwirklichung der Volksinteressen: die Wahl und die — evolutionäre wie revolutionäre — Veränderung der Gesellschaftsordnung ist eine legitime Angelegenheit des Volkes selbst, die sich in den kapitalistischen Staaten notwendigerweise in einer bestimmten Entwicklungsstufe gegen die bestehende souveräne Staatsgewalt richtet. Daher ist eine die Realitäten in der heutigen Welt nüchtern widerspiegelnde Theorie verpflichtet, vom untrennbaren Zusammenhang des Völkerrechts und des innerstaatlichen Rechts auszugehen, ohne einer der beiden Rechtsordnungen den Vorrang zu geben.

Anders die sogenannten monistischen Theorien, die entweder von der absoluten Souveränität der einzelnen Staaten ausgehend, das Völkerrecht zu deren äußerem Staatsrecht herabwürdigen oder, das Primat des Völkerrechts begründend, die staatliche Souveränität aufzulösen trachten. Die erste dieser beiden Varianten entsprach dem außenpolitischen Programm des deutschen Faschismus, der gewaltsam das deutschfaschistische Recht zum einzigen Maßstab machen wollte, die zweite Variante entspricht mehr der Strategie und Taktik des heutigen internationalen Monopolkapitals.

Die Reine Rechtslehre hält beide Varianten — und nur diese beiden — für wissenschaftlich vertretbar, da beide Versionen der monistischen Theorie eine einheitliche, auf *einer* Grundnorm beruhende, Völker- und Staatsrecht umfassende Ordnung alles geltenden Rechts ermöglichen würden; sie hat sich aber seit vielen Jahren für die zweite Version entschieden,[157] was ihr jetzt besonders in den USA zugute kommt, zumal die Souveränitätskonzeption der in den angelsächsischen Ländern tonangebenden analytischen Jurisprudenz das Völkerrecht auf den niederen Status einer internationalen Moral drückt,[158] also nicht der neuesten Interessenlage der dort herrschenden Klassen entspricht. Für die Einordnung des Völkerrechtskonzepts Kelsens in den internationalen Klassenkampf der Gegenwart ist charakteristisch, daß er in einer Zeit, da die Souveränitätsidee zu einem wichtigen Faktor im Befreiungskampf der Völker geworden ist, mit anderen Reaktionären gemeinsam die Meinung vertritt, daß für den Ausbruch von Kriegen nicht etwa materielle Interessen herrschender Ausbeuterklassen, sondern die Existenz unabhängiger staatlicher Souveränitäten ursächlich sei.[159] Das heißt, dem Schutzschild des Verteidigers die Verantwortung dafür in die Schuhe zu schieben, daß der Aggressor den Krieg beginnt!

Diese *indirekte* Apologie der aggressiven Außenfunktion des Kapitalismus geht bei Kelsen in ganz entscheidenden Punkten in eine *direkte* Apologie über: sein Antisowjetismus, den er seit der Oktoberrevolution mit der Hartgesottenheit eines Berufsinterventen betreibt, läßt ihn die NATO und den amerikanisch inszenierten Koreakrieg rechtfertigen.[160] Ja, er geniert sich nicht, ein antisowjetisches Auftragswerk eines alten Nazis und Antisemiten in einem von der USA-Botschaft unentgeltlich verteilten Propaganda-Blättchen „wärmstens zu empfehlen"[161]. Sein Meisterschüler Verdroß hatte schon in den dreißiger Jahren[162] — bis heute meines Wissens unwiderrufen (aber neu gedruckt) — die Sowjetunion zu den nichtzivilisierten Staaten gerechnet.

8. Zur Originalität der Reinen Rechtslehre

Nach der Auffassung eines ihrer Mitbegründer[163] — und nicht nur nach seiner — ist die Reine Rechtslehre keine Neubelebung irgendeiner schon dagewesenen Richtung, sondern eine Revolutionierung der ganzen bisherigen Rechtswissenschaft. Da man eine kausalgesetzliche Einbettung von Theorien in die Gesellschaftsentwicklung ablehnt, bleibt im Interesse des ersehnten Nimbus nichts anderes übrig, als das eigene Auftreten auf eine „Fügung des Schicksals" zurückzuführen.

*Ver*klärungen sind aber keine Teilklasse von *Er*klärungen; sie deuten auf erklärungsfeindliche, verklärungsbedürftige Interessen hin. Und tatsächlich läßt sich nämlich nicht nur zeigen, daß die zum Schicksal mystifizierte Reine Rechtslehre irdische Bedürfnisse regierender Gesellschaftsklassen — wenn auch verschleiert — ausdrückt und befriedigen hilft, sondern auch, daß sie aus ganz irdischen Quellen — sprich dem Gedankengut vorangegangener Juristen und Philosophen — geschöpft hat.[164]

Die nachfolgenden Betrachtungen verfolgen nicht etwa die Absicht, den ideologischen Quellen der Reinen Rechtslehre bis in die letzten Verästelungen nachzuspüren — ein uferloses Unternehmen —, sie wollen auch nicht ein geschlossenes Bild des geistigen Hintergrundes von Kelsens Theorie vermitteln. Sie wollen lediglich beispielhaft den Anspruch derer, originär zu sein, zurückweisen, die in Wirklichkeit mit *vorgefertigten* Erkenntnissen anderer gearbeitet haben. Dabei wird sich zeigen, daß Verarbeitung und Ausgangsmaterial die Interessen ebenderselben Gesellschaftsklasse (wenn auch in einer anderen Weise oder Entwicklungsstufe) widerspiegeln und verwirklichen helfen.

Zunächst teilt natürlich Kelsens Neopositivismus mit dem

deutsch-österreichischen rechtsphilosophischen Altpositivismus mehr als nur den Ansatz juristischen Denkens. Nicht umsonst genoß Bergbohms „Jurisprudenz und Rechtsphilosophie“ (1892) die uneingeschränkte Bewunderung der Kelsen u. Co.[165] Und wenn es Adolf Merkel im letzten Drittel des 19. Jahrhunderts zur einzigen Aufgabe der Rechtsphilosophie erklärt,[166] das positive Recht durch seine logische Bearbeitung geistig zu beherrschen, dann paßt das haargenau in das spätere Kredo Kelsens.

Ebenderselbe Merkel war es übrigens, der im programmatischen Eröffnungsaufsatz der „Zeitschrift für das Privat- und öffentliche Recht“ das methodologische Programm einer Philosophie des positiven Rechts veröffentlich hatte, in einer Zeitschrift, aus deren Spalten der allmähliche Übergang vom rechtsphilosophischen Alt- zum Neopositivismus ablesbar ist[167] und die von Wien her ihr Profil erhielt. Es ist deshalb eine Beschönigung, wenn Verdroß meint, daß erst Kelsen mit der Vorstellung vom Recht als Ausdruck des Volksgeistes brach.[168] Übrigens hat von seinen späteren Gefolgsleuten der Tscheche František Weyr einige Jahre *vor* Kelsen die Aufgabenstellung einer geschichtslosen Jurisprudenz entwickelt, die von einem methodenreinen Standpunkt aus ein alles Recht (und nur dieses) umfassendes System frei zu konstruieren hätte.[169]

Als dieser Artikel erschien, verbrachte Kelsen gerade zu Studienzwecken einige Semester in Heidelberg, Georg Jellineks wegen, der seine Staatslehre auf einem positivistischen Programm gründete, freilich widerspruchsvoll, weil er einerseits die methodologischen Einsichten des staatstheoretischen Altpositivismus zusammenfaßte, andererseits aber sich nicht vor den pragmatischen Erkenntnissen der Interessenjurisprudenz verschloß, den Übergang der bürgerlichen Gesellschaft in ihre imperialistische Entwicklungsstufe eindrucksvoll markierend.[170]

Aber nicht nur vom juristischen Altpositivismus, wie er sich in Deutschland und Österreich entwickelt hatte, sind methodologischer Ansatz, Fragestellungen und Problemlösungen in die Reine Rechtslehre eingeflossen, nicht zu übersehen sind auch Übereinstimmungen mit dem englischen und dem französischen rechtstheoretischen Positivismus.

Das trifft ganz besonders auf John Austin zu, den seit Blackstone bis zum heutigen Tag einflußreichsten Juristen Englands. Kelsens Einleitungssatz seiner Gesamtdarstellung von 1934: „Die Reine Rechtslehre ist eine Theorie des positiven Rechts" liest sich wie eine wörtliche Übersetzung des Einleitungssatzes von Austins ziemlich genau einhundert Jahre zuvor gehaltener Vorlesung;[171] und beide Eröffnungssätze enthalten bereits das positivistische Programm, unter dem ihre Autoren angetreten.

Kelsen hat übrigens seine Übereinstimmung mit Austins Lehre, jedenfalls in wesentlichen Punkten, zugegeben, freilich auf eine von Austin *unabhängige* Entstehung der Reinen Rechtslehre Wert gelegt;[172] letzteres ist nicht recht glaubwürdig, denn schon Bergbohm hatte dem Engländer Lob und Bewunderung gezollt, und unmittelbar vor der Ausarbeitung von Kelsens Methodologie wurde eine ausführliche Darstellung von Austins Rechtstheorie in einer Zeitschrift veröffentlicht, die Kelsen wohl auszuwerten pflegte.[173]

Schon eher ist glaubwürdig, daß Kelsen zunächst keine Kunde vom französischsprachigen juristischen Positivismus hatte, wie ihn um die Jahrhundertwende Ernest Roguin und Edmond Picard am gekonntesten vertraten. Beide betrieben auf quasiaxiomatische Weise — im Detail durchaus unterschiedlich — die Konstruktion einer von allem Gesellschaftlichen gereinigten Rechtstheorie.[174] Als Kelsen freilich die erste Gesamtdarstellung seiner eigenen, ebenfalls gereinigten Rechtslehre gab, hat er diese Arbeiten seiner Vorgänger gekannt (wenn er sie auch nicht erwähnt hat), denn sie waren inzwischen in einer von ihm selbst herausgegebenen Zeitschrift ausführlich referiert worden.[175]

Auch dürften ihm kaum die pseudonymen Versuche Karl Renners entgangen sein,[176] eine positivistisch aufgefaßte Rechtstheorie in den Marxismus zu integrieren (die Jurisprudenz habe sich ebensowenig um Entstehung und Rückwirkung des Rechts zu kümmern wie die Botanik um die ökonomische Verwendung der Tabakblätter).

Wohlgemerkt, es soll nicht etwa der Eindruck erweckt werden, als ob Kelsens Vorgänger in ihm nur ihren Nachbeter gefunden hätten. Das ist ganz gewiß nicht der Fall: Picard konstruierte sein System vom subjektiven Recht aus,

Roguin vom Rechtsverhältnis, und Austin, der wie Kelsen im Gegensatz dazu von der Rechtsnorm ausging, dachte gar nicht daran, die Normenhierarchie statt auf simplen Parlamentsakten auf einer transzendentallogisch erfundenen Grundnorm aufzubauen; und die juristischen Altpositivisten Deutschlands zielten mit ihrer formalbegrifflichen Betrachtungsweise auf Berechenbarkeit und Voraussehbarkeit innerhalb der Rechtsordnung, während Kelsen — darin den amerikanischen sich als Realisten bezeichnenden Pragmatisten denkverwandt — gerade auf die Unvorhersehbarkeit im Rechtsprozeß, auf die Unberechenbarkeit des Rechts, zusteuert.[177]

Aber so wenig die Unterschiede zwischen den einzelnen Positivisten geleugnet werden dürfen, so vulgärmaterialistisch wäre die Annahme, daß die Reine Rechtslehre via Kelsen unvermittelt dem monopolistischen Stadium des Kapitalismus entwachsen wäre. Vielmehr entstand die dem Imperialismus angemessene Rechtsideologie durch Anpassung alter Gedanken an die neuen Erfordernisse, indem zum Beispiel Kelsen den auf ihn gekommenen Positivismus in die für den über sich hinauswachsenden Konkurrenzkapitalismus brauchbare Gestalt brachte; und es bedurfte hierfür auch gar keiner *prinzipiell* neuer Gedanken. Insofern ist die Übereinstimmung vieler Bestandteile der Reinen Rechtslehre mit Systemelementen anderer bürgerlicher Theorien — völlig unabhängig von ihrer bewußten oder unbewußten, versteckten oder offenen Übernahme — Ausdruck und Beweis einer im Grundlegenden gemeinsamen Klassenfunktion.

Das wird bestätigt, wenn man das Verhältnis des juristischen zum philosophischen Positivismus betrachtet. Sowohl Bergbohm wie auch Kelsen behaupten, daß jedenfalls nicht die positivistische Philosophie Grundlage ihrer (positivistischen) Rechtstheorie sei.[178] Das stimmt lediglich in der Weise, daß die gelegentlichen *rechts-* oder moralphilosophischen Äußerungen der philosophischen Positivisten bei ihren juristischen Kollegen keine Gegenliebe fanden. So kommt es, daß einerseits Kelsen etwa gegen Max Weber, Moritz Schlick und Alfred Ayer polemisiert[179] und andererseits etwa die Vertreter des Wiener Kreises (Verein Ernst Mach) die Kelsen-Truppe nicht zu den Ihren zählen.[180] Es entbehrt dabei nicht einer gewissen Komik, wenn jede der beiden Seiten stets der anderen Inkonsequenz vorwirft, zwar die *Tendenz* der anderen als legitim respektiert, aber nur die eigene *Position* als wahrhaft wissenschaftlich gelten läßt.

Sich in diesen Streit zu mischen, ist nicht erforderlich: allzu offenkundig ist die Gleichläufigkeit des methodischen und strukturellen Ansatzes zwischen den philosophischen und juristischen Positivisten. Dabei tritt die Frage, wer von wem (wenn überhaupt) genommen, völlig in den Hintergrund. Man wird vielmehr daraus, daß gleichzeitig auf den verschiedenen ideologischen Gebieten Theorien mit einem gemeinsamen Generalanliegen gleichsam in die Höhe schossen, darauf schließen dürfen, daß sie einem gesellschaftlichen Bedürfnis, und zwar ein und demselben, entsprachen. Überdies legt die Tatsache, daß sich Kelsens Wiener Schule früher konstituierte als Schlicks Wiener Kreis (auch Austins System liegt zeitlich vor Comtes), davon Zeugnis ab, daß die politisch-ideologischen Nöte des Bürgertums dringenderer Befriedigung bedurften als seine erkenntnistheoretischen Sorgen.

Die auf gemeinsame *gesellschaftliche* Grundlagen zurückführbaren juristischen und philosophischen Neopositivismen haben aber auch gemeinsame *ideologische* Quellen, zu denen vor allem der Neokantianismus gehört, wie er sich im Machismus bemerkbar machte und in der Marburger sowie Südwestdeutschen Schule systemgestaltend wurde.[181] Kelsen selbst beruft sich gelegentlich auf Avenarius, Mach, Windelband, Vaihinger, Simmel und Petzold als auf seine Gewährsmänner. Den entscheidenden erkenntnistheoretischen Gesichtspunkt gesteht er durch Cohens Kant-Interpretation gewonnen zu haben, die er allerdings erst nach Veröffentlichung seiner eigenen Habilitationsschrift kennengelernt hat.[182] Er suchte das Haupt der Marburger Schule des Neukantianismus auf und ließ später in seinem Privatseminar Cohen und Natorp studieren.[183]

Auf neukantianisch-positivistischen Einfluß ist sowohl Kelsens (falsche) Ausgangsthese zurückzuführen, nach der die Erkenntnis*methode* den Erkenntnis*gegenstand* bestimme, als auch seine Scheinrationalität. Bereits die sogenannten Immanenzphilosophen gaben vor, eine Wissenschaft vom Seinsollenden aufzubauen, ohne den lieben Gott zu bemühen, und dabei landeten sie schließlich doch beim offenen Fideismus, wie Lenin nachwies.[184]

Weiterhin übertrug Kelsen die von den Empiriokritizisten geübte Kritik am Substanz(= Materie)-Begriff — konzentriertester Ausdruck ihres Kampfes gegen den Materialismus[185] — auf den Staatsbegriff und wandte die Machsche Fehlinterpretation der Naturgesetze als Projizierung psychologischer Motive (!) in die Außenwelt auf gesellschaftliche Phänomene an.[186]

Und wenn Kelsen bei seiner juristisch-positivistischen Geltungstheorie des Rechts (Geltung sei ein Erzeugungszusammenhang von Normen einer Rechtsordnung) von der philosophisch-positivistischen Wahrheitstheorie (Wahrheit sei eine Übereinstimmung einander angepaßter Gedanken) nicht inspiriert worden sein sollte: die Parallelität der beiden Problemlösungen ist nicht zu übersehen.[187]

Ebenso stimmen Kelsens Vorstellungen von der wissenschaftlichen Unmöglichkeit einer *wertenden* (ganz zu schweigen von einer parteilichen) Rechtstheorie mit den „Objektivitäts“-illusionen der philosophischen und soziologischen Positivisten überein. Nach Meinung des Wiener Kreises ist der Wertcharakter etwas schlechthin Nichttheoretisches und die Ethik daher nur in der Lage, niedere Normen aus höheren zu begründen, nie aber die obersten Normen selbst zu rechtfertigen.[188] Die Einengung der Ethik (und der Rechtswissenschaft) auf eine bloß beschreibende Aufgabenstellung bedeutet Verzicht auf eine wissenschaftliche Begründung und Kritik von Normensystemen. Sie läuft auf ein Ausweichen vor den eigentlichen theoretischen und politischen Problemen hinaus. Sie bereitet insofern jedem Obskurantismus und jedem Willkürregime den Weg, als sie ja nicht den Sinn theoretischer und praktischer Wertungen leugnet, sondern „nur“ der Wissenschaft das Recht abstreitet, sich in diesen Streit mit inhaltlichen Argumenten einzumischen. So werden in der bürgerlichen Gesellschaft die jeweiligen Machthaber zum gewissenlosen Handeln ermutigt, die gegeneinander kämpfenden Klassen als gleichberechtigt hingestellt und die Wissenschaftler auf eine teilnahmslose Beschreibung von Erscheinungen, also auf ein unwissenschaftliches Verhalten festgelegt. Daß Kelsen hierbei Max

Webers Linie verfolgt, läßt sich nicht leugnen, höchstens von ihm selbst![189]

Vor allem aber zeigt sich die gedankliche Abhängigkeit der juristischen von den philosophischen Positivisten bei der Konstruktion eines absoluten Gegensatzes zwischen Sein und Sollen, den sie als Begründung ihrer vollständigen Isolierung des Rechts von der Gesellschaft benutzen. Ungeachtet seiner sonstigen Differenzen mit Schlick, in der verabsolutierten Gegensätzlichkeit von Natur- und Staatsgesetz stimmt Kelsen mit ihm überein.[190] Dabei profitierte der Neopositivismus zweifellos von der auf Windelband zurückgehenden Herausarbeitung der *Norm* als ideellem Gegenstück zum Naturgesetz — Cohen bezeichnete sie als mathematische Urform des (juristischen) Gesetzes.[191]

Aber Kelsen hat die von den neukantianischen Philosophen angebotene Normentheorie in das Extrem eines hemmungslosen Normativismus gesteigert, indem er die bei Windelband immer noch sichtbare Nabelschnur zwischen Wille und Welt, zwischen Rechtsnorm und Naturgesetz endgültig zerriß.[192]

Mit seiner auf dem Gegensatz von Sein und Sollen beruhenden Rechtstheorie betrat Kelsen übrigens kein Neuland; er griff vielmehr in einen ohnehin schon die juristischen Gemüter erhitzenden Meinungsstreit zwischen einem Neokantianer und einem Pragmatiker ein: Gustav Radbruch hatte — auch gegen den Marxismus gewandt — behauptet, daß sich aus dem Sein nimmermehr ein Sein-Sollen ableiten lasse, ein richtiges Recht ergebe sich nicht empirisch, sondern apriorisch, es sei nicht der Erkenntnis, nur des Bekenntnisses sei es fähig.[193] Dieser indirekten Apologetik der damaligen Gesellschafts- und Rechtsordnung trat der direkte Apologet v. Liszt mit der Behauptung entgegen, daß die maßgebenden Werturteile von der herrschenden Klasse stammen („wir, die herrschende Klasse, bestimmen heute, wer gestraft werden soll") und daß sich das richtige Recht aus der empirisch gegebenen Entwicklungsrichtung des Staates ableiten lasse: Werdendes und Seinsollendes seien identisch![194]

Mit seiner Rezeption neokantianischer Gedanken nimmt Kelsen aber auch an der intellektuellen Deformation teil, wie sie für das späte Bürgertum eigentümlich ist. Die Reine Rechtslehre bildet sich ein, den Weg Kants konsequenter als er selbst zu Ende zu gehen.[195] Tatsächlich geht sie vom schlechteren Teil Kants zu David Hume zurück, vom Halb- zum Ganzfalschen.

Hume hat aus der seit Aristoteles bekannten Unterscheidung von Ist- und Sollsätzen die agnostizistische Schlußfolgerung gezogen, daß ein Unterschied zwischen Laster und Tugend jedenfalls nicht mit den Mitteln der Vernunft wahrgenommen werden könne.[196] In dieselbe Richtung zielt Kants Unterscheidung zwischen der Sphäre der (unerkennbaren) Dinge an sich und der Sphäre der (erkennbaren) Erscheinungen sowie zwischen dem (den Naturnotwendigkeiten unterliegenden) *empirischen* Wesen des Menschen und seinem (der Freiheit, sprich: Willkür, teilhaftigen) *intelligiblen* Wesen. Denn auf dieser Grundlage ist es ein Leichtes, die materiell motivierten Bestimmungen des menschlichen, einschließlich des gesetzgeberischen Willens zu seiner reinen Selbstbestimmung zu machen und zu erklären, daß die Kluft zwischen Sein und Sollen vermittels des theoretischen Gebrauches der Vernunft unüberbrückbar sei.[197]

Immerhin hat aber Kant gerade sein rechtsphilosophisches Konzept ganz kräftig *inhaltlich* begründet: seine naturrechtlichen Vorstellungen sind — wie illusionär und spießbürgerlich auch immer — antifeudal; sie legitimieren zwar nicht die Revolution, aber doch die Revolutionsregierung. Da Kant ferner in der Einleitung zu seiner Metaphysik der Sitten (Teil IV) eine denknotwendige Verbindung zwischen dem positiven und dem Naturrecht knüpft, verhindert er die Entartung der Rechtsphilosophie zu einer rein formalen Begriffsapparatur. Kants großer Widersacher und Vollender Hegel hat später — auf idealistische Weise, versteht sich — den Gegensatz des Wirklichen und des Sollenden aufgehoben, ein unverlierbarer Fortschritt in der Geschichte des philosophischen Denkens.[198]

So bedeutet die neokantianische Trennung des Rechts von der Gesellschaft, mit der der Irrationalität ein Heimatrecht im politisch-moralischen Bereich zugesprochen wird,[199] einen Rückschritt hinter den insbesondere von Hegel erreichten Wissens- und Problemstand. Es ist daher nur natürlich, daß Kelsen mit dem größten Vertreter der bürgerlich-klassischen Philosophie auf Kriegsfuß steht, wobei ihn wohl am meisten dessen Nähe zu Marx stört.[200]

In das Ideenmaterial, auf dem die neopositivistische Rechtsphilosophie fußt, fügen sich auch Anleihen psychoanalytischer Prägung ein, sofern man bei einer eklektischen Richtung überhaupt von einem *Einfügen* sprechen kann. Jedenfalls verstärken die individuell-psychologischen Elemente den Subjektivierungsprozeß, an dem sich die Reine Rechtslehre wie die meisten der spätbürgerlichen Gesellschaftstheorien beteiligt. Kelsen selbst übermittelte Berichte von traumatischen Erkrankungen seiner Bekannten an Freud.[201] Er schätzte dessen Analysen, weil sie angeblich diejenigen Theorien, die Staat und Recht in ihren gesamtgesellschaftlichen Beziehungen darstellten, in ihre individual-psychologischen Elemente auflösen würden; er machte sich Freuds These von der libidinösen Struktur der Masse zu eigen, ließ Platons pädagogisch-politische Leidenschaft aus der Quelle seines (homosexuellen) Eros strömen, erklärte die Sehnsucht nach Freiheit und Gleichheit aus „herabgesetztem Selbstbewußtsein", ließ die Überzeugungen der Philosophen in ihrer „seelischen Struktur" wurzeln und verleumdete die Vertreter der materialistischen Widerspiegelungstheorie, indem er ihnen — ohne auch nur den Versuch eines Beweises zu liefern — vorwarf, daß ihr reduziertes Ichgefühl die Funktion des menschlichen Geistes zu einem unselbständigen Abbilden herabsinken lasse.[202] —

Aber auch einzelne *Elemente* seiner Art, Rechtsphilosophie zu treiben, hat Kelsen übernommen. So findet sich die Idee des Stufenbaus der Rechtsordnung bei einem der juristischen Altpositivisten,[203] und die zur Abschirmung des Rechts von jedem gesellschaftlichen Einfluß konstruierte Idee einer Grundnorm findet sich in allgemeinerer Form bei Husserl und in juristischem Kontext bei Jellinek.[204]

Selbst der Name, den Kelsen seiner Rechtsphilosophie gab, kann keinen Anspruch auf Originalität erheben. Im Gefolge der auf eine reine Vernunfts- und Rechtserkenntnis ausgerichteten Philosophie Kants hatte Theodor Schmalz bereits ausgangs des 18. Jahrhunderts ein „reines Naturrecht" konstruiert.[205] Bei den deutschen Altpositivisten tauchte das *rein* Juristische immer wieder als Methodenideal auf,[206] und die englischen, französisch-schweizerischen und tschechischen Rechtspositivisten haben Jahre vor Kelsens Reiner Rechtslehre den Aufbau einer „reinen Rechtswissenschaft" (bzw. Science Juridique Pure oder Pure Jurisprudence) betrieben.[207] Hermann Cohen hat schließlich die Logik als das Maß für die Reinheit der Rechtswissenschaft benannt[208], und ein anderer Neokantianer legte zu einem Zeitpunkt das Lehrgebäude einer „reinen Rechtslehre" vor, als sich Kelsen noch im Vorstadium seiner eigenen Systembildung befand.[209]

Wie man sieht, ist die Reine Rechtslehre ganz wesentlich aus vorgefundenen Erkenntnissen anderer gefertigt. Wenn man von einer Originalität der Gruppe um Kelsen sprechen kann, dann weniger in dem Sinn, daß ihre Leistung in der *Er*arbeitung neuer, als vielmehr, daß sie in der *Ver*arbeitung alter Ideen liegt. Dabei paart sich eine auf falschen Aussagen beruhende Konsequenzzieherei von selten vollendetem Formalismus mit einer Verunstaltung der aufgenommenen Gedanken, soweit sie einmal fortschrittlich waren. Insofern ist es Kelsen gelungen, Kants reine Vernunft zu einer von aller Vernunft gereinigten Rechtslehre herabzuwirtschaften. Daß diese Eklektik zu einem gesellschaftlichen Bedürfnis werden konnte, spricht *gegen* die Interessenten an einer auf solche Weise zustande gekommenen Rechtstheorie, es spricht *für* das Gespür ihrer Autoren; ein Kompliment, an dem ihnen freilich nicht gelegen ist ...

Von einer durch das Auftreten der Reinen Rechtslehre ausgelösten Revolutionierung der ganzen bisherigen Rechtswissenschaft kann ohnehin nicht die Rede sein: sie verbleibt völlig im Rahmen der bürgerlichen Denkweise und begleitet den Weg der Bourgeoisie bis an deren bitteres Ende. Es handelt sich um keine revolutionäre, es handelt sich um eine restaurative Rechtsphilosophie.

9. Kelsen und seine bürgerlichen Kritiker

Wenn man von der Erscheinung ausgeht, so ist Kelsen von Beginn seiner literarischen Laufbahn an in eine Dauerauseinandersetzung ohnegleichen verstrickt: Ständig wird er von Leuten seinesgleichen gescholten, ständig tadelt er Leute seinesgleichen wegen ihres Unverstandes, nicht zu sehen, daß er ihr Anliegen besser wahrnimmt als sie selbst.

Wenige Jahre nach Kelsens eigentlichem literarischem Erstling, als seine erste öffentliche Anerkennung gerade erfolgt war,[210] begann der erste Weltkrieg und damit eine Zeit, in der die herrschende Klasse am Hurrapatriotismus mehr als an einem positivistischen Weltrelativismus interessiert war, den ein kriegstüchtiger Kritiker kurzerhand als Schlafmittel denunzierte, an dem ein Volk zugrunde gehe.[211]

Nach dem ersten Weltkrieg war Kelsen von den offenen Revanchisten und Metaphysikern unter den Rechtsphilosophen wegen seiner Unfähigkeit befehdet worden, das gefährliche Gift des Marxismus paralysieren zu können.[212]

Die Nazis unter den Rechtsphilosophen gingen noch einige Schritte weiter und erklärten Hans Kelsens juristischen Positivismus, dessen bösartigste Form der — Bolschewismus sei, für einen Feind jeder „deutschbewußten" Rechtswissenschaft.[213]

Nach dem zweiten Weltkrieg wurde der Positivismus von der bürgerlichen Professorenwelt, zum Teil von denselben, die ihn vor 1933 von rechts angegriffen hatten, nur allzu bereitwillig als Prügelknabe preisgegeben: der Positivismus (nicht etwa die herrschende Klasse!) habe das Recht zur Hure des nackten Machtwillens gemacht und so geschichtliche Katastrophen verursacht.[214]

Inzwischen ist der rechtsphilosophische Positivismus allerdings längst wieder entnazifiziert: in Wirklichkeit sei er die festeste Stütze der in humaner Tradition stehenden Richter gewesen und das Versagen der Justiz gegenüber dem dritten Reich auf ein Mißverständnis (!) zurückzuführen.[215]

Andererseits hat Kelsen es sich nicht nehmen lassen, so gut wie allen seinen Kritikern zu antworten oder antworten zu lassen, was freilich hauptsächlich auf eine Wiederholung seiner eigenen Gedankengänge hinauslief.

Es soll hier nicht etwa die Geschichte dieser Streitigkeiten zwischen den verschiedenen bürgerlichen Rechtstheorien dargestellt werden. Nicht, daß es der marxistisch-leninistischen Rechtstheorie gleichgültig sein darf, welchen *verschiedenen* bürgerlichen Theorien sie sich gegenübergestellt findet, wie manchmal angenommen wird. Die Arbeiterbewegung bedarf in ihren ökonomischen und politischen Auseinandersetzungen einer differenzierten Analyse auch der ideologischen Erscheinungsformen der bürgerlichen Produktions- und Lebensweise.

Gleichwohl ist es aber auch erforderlich, auf das grundlegend Gemeinsame hinzuweisen, das Kelsen mit seinen bürgerlichen Kritikern verbindet. Ungeachtet der von beiden Seiten lautstark geführten, mit Schmähungen gespickten Streitereien handelt es sich dabei immer um Theoretiker, die in der ihnen am geeignetsten erscheinenden Weise die bürgerliche Gesellschaft funktionstüchtig zu erhalten bestrebt sind.

Man darf sich nicht durch noch so scharfe „innere" Zwistigkeiten täuschen lassen, etwa durch folgende Blütenlese: ... die bloß technische Rechtswissenschaft sei eine Hure, die für alle und zu allem zu haben sei; sie biete bloß einen Tummelplatz für sportliche Vorführungen; sie erzeuge die Botmäßigkeitsstimmung der Friedhofsstille; sie liefere Windmühlenflügel, die sich nicht mehr drehen; sie sei undeutsch; sie ziehe einen Zaun, der als Konzentrationslager (!) für Wissenschaftler wirke, usw. usf.[216]

Aber diese Meinungsverschiedenheiten sind letztlich bloße *Varianten*; in ihnen mögen unterschiedliche taktische Vorstellungen innerhalb der regierenden Bourgeoisie zum Ausdruck kommen oder die *besonderen* Interessen eines bestimmten Teiles der herrschenden Klasse. Ihre Gemeinsamkeiten untereinander sind jedoch gravierender als ihr Gegeneinander, denn ihr eigentlicher Gegner ist der Gegner der Gesellschaftsordnung, in der sich ihre Künder als Beamte etabliert haben.

Und wenn persönliche Lauterkeit den einen oder anderen zu einer mit Marxisten gemeinsamen antiimperialistischen Aktion bewegt, so ist das jedenfalls keine *zwingende* (wenn vielleicht auch mögliche) Konsequenz aus seiner rechtstheoretischen Grundposition.

Nun sollte wohl kein Zweifel darüber bestehen, daß sich die Reine Rechtslehre speziell in der Endphase der Weimarer Demokratie (und erst recht nach dem Machtantritt der Nazis) überwiegend gegen Angriffe von rechts zur Wehr setzen mußte. Wenn etwa Erik Wolf in einer im Dezember 1933 gehaltenen Vorlesung Recht als das definiert, was richtig ist, und als richtig das, was der „Führer" für richtig zu halten geruht,[217] dann gibt er der offen terroristischen Monopoldiktatur den ihr gemäßen rechtstheoretischen Ausdruck, und das in einem nicht zu übersehenden Gegensatz zum Positivismus, der die Behandlung von Inhaltsproblemen des Rechts als metajuristisch ablehnt.

Es sei Kelsen gern zugestanden, daß er nichts mit Äußerungen des besagten Wolf[218] zu tun haben wollte, wie: „Ein irriger Glaube wähnt, das Richtige könne nur vom Objekt her erforscht werden; tiefer und gültiger noch bestimmt es sich von der menschlichen Größe der Person her, deren Aussage die Autorität des Helden, des Weisen oder des Heiligen hat; und wenn einer käme und sagte, solcher Glaube an den großen Menschen sei wider die verständige Erfahrung, so werden wir doch mit dem Führer ziehen ..."

Aber indem die Reine Rechtslehre eine *wissenschaftliche* Diskussion darüber, welches Recht *richtig* ist, für sinnlos erklärt – nur *formale* Fragen zu stellen, sei der Rechtstheoretiker berechtigt –, bestätigt sie ihre eigene Unfähigkeit, irgendeinen nennenswerten Beitrag gegen die faschistische Rechtsideologie leisten zu können. Es gibt aber Situationen, in denen derjenige, der dem Übeltäter nicht entgegentritt, dessen Tat begünstigt; das gilt um so mehr dann, wenn es sich um einen von Berufs wegen zur Abhilfe Verpflichteten handelt.

Und was könnte Kelsen auch einem faschistischen Rechtsphilosophen entgegensetzen, wenn der erklärt,[219] daß der Prüfstein für die Autorität seiner Aussagen die „Tiefe ihres *Glaubens*grundes" sei? Etwa, daß auch seine eigene wissenschaftliche Gesamthaltung auf einem Glauben beruhe, freilich einem anderen? Daß keine politische Position widerlegbar, weil keine beweisbar sei?

Einen Vorläufer der rassistischen Rechtslehre des Faschismus, der mit einer patriotisch aufgetakelten Biologie gegen den Marxismus zu Felde zog, zitiert Kelsen seitenlang und beendet dann seine Auseinandersetzungen schließlich mit der verblüffenden Bemerkung: „... nicht als ob hier die Zulässigkeit oder Richtigkeit eines solchen politischen Programms in Frage gezogen werden sollte!“[220] Ja, was wäre denn sonst die Aufgabe eines Wissenschaftlers? Glauben gegen Glauben, Aberglauben gegen Aberglauben zu setzen?

Oder, als in der Endphase der Weimarer Republik eine deutsch-nationale, präfaschistische Verfassungstheorie erschien, setzte sich Kelsen gegen die auf ihn gemünzten Vorwürfe in einer speziellen Studie zur Wehr, aber sein hauptsächlicher Einwand gegen Rudolf Smend lautete, daß sie beide eigentlich *einer* Meinung und daher dessen Angriffe auf ihn unverständlich seien.[221]

Von der anderen Seite her läßt sich zeigen, daß in faschistischen Rechtstheorien auch positivistische Elemente vorkommen, so daß die partielle Gemeinsamkeit der Reinen Rechtslehre mit ihren Kritikern von rechts, die gewiß nicht übertrieben werden darf,[222] doppelt einleuchtet.

Wenn etwa Carl Schmitt, juristischer Chefideologe der braunen Banditen seines Zeichens und — einige Jahrzehnte später — Fachberater Kiesingers,[223] von jeder existierenden politischen Größe erklärt, daß sie, juristisch betrachtet, auch wert sei zu existieren,[224] so ist in diese Art Machtapologetik ein kräftiger Zug Positivismus eingemischt. Freilich handelt es sich dabei um einen unverblümteren, auf transzendentallogische Verbrämung verzichtenden Positivismus, wie er in Zeiten angemessen ist, da die herrschende Klasse eine offen terroristische Diktatur zu installieren beginnt. Jedenfalls ist auch für Carl Schmitt nicht die Richtigkeit der Geltungsgrund einer Norm, und sein sogenannter Dezisionismus[225], d. h. die *unvermittelte* Rechtfertigung der politischen Entscheidungen des (imperialistischen) Staates, liegt so weit nun auch wieder nicht vom Normativismus Kelsenscher Prägung entfernt, denn dessen aufgeweichter Normbegriff — wir wiesen bereits darauf hin — gibt der konkreten Gerichts- oder Verwaltungsentscheidung letztlich den Vorrang vor der generellen Rechtsnorm.

Sicher lehnt es Kelsen ab, Norm und Entscheidung irgendeiner Instanz *inhaltlich* zu rechtfertigen, aber er will sie auch der inhaltlichen Kritik entziehen. Und wenn der führende Nazijurist[226] die Entscheidungen seines höchsten Gangsters über jede Kritik gestellt sehen will, so läuft das im Ergebnis auf dasselbe hinaus, nur daß der eine die Entscheidung selbst als schicksalsbedingt hinstellt — eine Art Offenbarungspositivismus also —, während die Väter der Reinen Rechtslehre zwar nicht die Norm, dafür aber ihre Theorie als Schicksalsprodukt ausgeben.

Erwägungen vorstehender Art mögen ungewohnt sein, besonders für diejenigen, die sich für legitimiert halten, den theoretischen und praktischen Sozialismus zu verlästern, bloß weil sie auch den Faschismus, vor allem den gewesenen, verdammen. In Wirklichkeit sind aber relativistische und totalitäre Rechtfertigungstheorien der bürgerlichen Gesellschaft in quellenmäßiger, funktionaler und methodischer Hinsicht miteinander verwandt, wie auch immer die „Totalitarismus"-Kritiker den tatsächlichen Verlauf der Auseinandersetzungslinien in der ideologischen Welt von heute verdrehen mögen.

Vor einigen Jahren wurde Hans Kelsen von katholischen Professoren, Ordensbrüdern zumeist, zu Gast geladen.[227] Da standen sich nun Naturrecht und Positivismus, die großen Alternativen in der zeitgenössischen Rechtsphilosophie, wie es heißt, gegenüber. Als aber ein aktiver Nazi (und heutiger Rechtsradikaler) die Fahne des Antikommunismus entfaltete, da verstanden sich die angeblich Unversöhnlichen sofort, und man begann sich auch „wissenschaftlich" zu einigen.

10. Abschließendes

Die Reine Rechtslehre ist kein *Zufalls*einfall einzelner. Auch die Nebelbildungen im Gehirn der Menschen sind notwendige Sublimate ihres materiellen Lebensprozesses, sagt Marx.[228] Wie sollte es auch ausgerechnet bei einer Rechtsphilosophie anders sein, die durch die ausschließliche Verarbeitung eines juristischen Normenkörpers mit dessen Dasein auch das seiner Produzenten und Interessenten als vorgegeben nicht in Zweifel zieht? Als (mittelbare) Legitimationstheorie der bürgerlichen Gesellschaft ist sie ihr Produkt, ihr Verfallsprodukt.

Aber der rechtsphilosophische Neopositivismus ist nicht *nur* Nebelbildung. Gerade, weil er für seine eigentlichen Thesen eine dreifache Wahrheit ausnutzt (aus der Existenz einer Norm darf nicht auf ihre Verwirklichung geschlossen werden; Normen sind keine Aussagen; Normen können nicht aussagenlogisch aus Aussagen abgeleitet werden), ist seine wissenschaftliche Unhaltbarkeit so gefährlich: die Beschränkung der juristischen Aufgabenstellung auf normlogische Exerzitien bei gleichzeitigem Verbot, Wurzeln und Wirkungen des Rechts zu ergründen, gleicht dem Auftrag an die Medizin, Leichen zu sezieren, verbunden mit dem Verbot, nach den Ursachen und Auswirkungen der Krankheiten zu forschen.

Die Reine Rechtslehre widerspiegelt die Wirklichkeit, aber sie widerspiegelt sie in allen wichtigen Beziehungen falsch. Diese Falschheit einer ganzen Richtung rechtswissenschaftlichen Denkens läßt sich nicht aus der Falschheit ihrer Begründer oder Anhänger erklären. Wie die Dummheit nicht von der Dummheit kommt, sondern — jedenfalls im sozialen Bereich — aus erfahrbaren Verhältnissen, in denen es für einen Teil der Gesellschaft (bewußt oder unbewußt) klug ist, Dummheiten zu verbreiten, so ist auch das Gedankensystem der Reinen

Rechtslehre falsch aus Interesse, es ist interessiertes Vorurteil. Und Vorurteile sind von der Wahrheit bekanntlich weiter entfernt als die Unkenntnis.[229]

Es wird mit der Kennzeichnung des rechtsphilosophischen Positivismus als unwahr, antidemokratisch und antisozialistisch übrigens nicht das Gewissen seiner Autoren verdächtigt: es interessiert uns nicht. Zwischen sozialistischen und bürgerlichen Theoretikern bestehen Gegensätze, die nicht überbrückbar sind. Auch nicht unter Zuhilfenahme moralischer Kategorien. Es handelt sich nämlich um widergespiegelte Antagonismen.

Die überfällige Auseinandersetzung mit der rechtsphilosophischen Variante des Positivismus kann nur dann zu einer Bewältigung von Vergangenem und Gegenwärtigem in der Rechtsideologie beitragen, wenn die Kritik an ihr in den Kampf gegen die Gesellschaftsklasse mündet, deren Interessenausdruck sie ist. Die Menschen, sagt Lenin,[230] bleiben solange die einfältigen Opfer von Betrug und Selbstbetrug, bis sie es gelernt haben, in den gesellschaftlichen Ideen die Interessen dieser oder jener Klasse zu suchen. Das gilt natürlich auch für eine Theorie, die sich einbildet, positiv zu sein, ohne etwas Positives zu bieten. Und es gilt für deren Anhänger erst recht, wenn sie sich in den „Umkreis des Marxismus" einzuordnen wagen.[231]

Daher ist aber auch die Frage falsch gestellt,[232] ob das Auftreten des Nazismus weniger wahrscheinlich gewesen wäre, wenn Kelsen und seine Mannen nicht das geschrieben hätten, was sie nun einmal geschrieben haben. Der Positivismus — nicht aber ein Herr Kelsen — ist eine unentbehrliche Begleiterscheinung der bürgerlichen Gesellschaft; er ist jedoch nicht die Ursache des Faschismus. Wer ihn mit dem Hinweis, daß seine angelsächsische Leseart auch nicht zur „Diktatur" geführt habe, von dem Vorwurf freispricht,[233] überhaupt diktaturfördernd zu sein, der übersieht, daß der juristische Positivismus zwar eine notwendig begünstigende, aber keine hinreichende Bedingung für den offenen Terrorismus des Monopolkapitals ist.

Man hat sich in gewissen Kreisen daran gewöhnt, den Positivismus in der Rechtswissenschaft als lebensfremde Begriffsspielerei zu verharmlosen. Tatsächlich ist er aber nicht nur ein

Ausdruck der Unfähigkeit und Uninteressiertheit des Bürgertums, gesamtgesellschaftliche Struktur- und Bewegungsgesetze zu erforschen, er leistet auch einen ganz entscheidenden *Beitrag* zur Aufrechterhaltung der Macht des Kapitals. Indem die Reine Rechtslehre das factum brutum der bürgerlichen Gesellschaft als wissenschaftlich nicht erörterungsfähige Voraussetzung alles weiteren Denkens rechtfertigt, liefert sie eine unterschwellig wirkende Theorie, eine Art immer aufgreiffähiger Wegelagerer-Ideologie.

Den Positivismus zu unterschätzen, ihn als Maskenspiel überholter Ideen abzutun, wie es gelegentlich geschieht,[234] ist nach all dem, was gewesen ist, Leichtsinn. Wenn man ihn schon nicht als wissenschaftliches, so sollte man ihn wenigstens als politisches Ereignis ernst nehmen. Um so mehr, als er sein mystisches Gedankengut nicht ungeschickt zu kaschieren und sich so als Rechtstheorie der wissenschaftlich-technischen Revolution anzupreisen weiß. Seine anmaßende Behauptung,[235] daß mit dem von ihm gelieferten Begriffsgerüst jedes beliebige Recht (also auch das sozialistische) intellektuell erfaßt werden kann, paßt so reibungslos in die gegenwärtige Strategie des heutigen Imperialismus gegenüber dem Sozialismus, in die Politik des Erdrückens mittels der Umarmung, daß sie besser gar nicht hätte erfunden werden können. Kelsens (vergebliche) Suche nach dem niedrigstmöglichen Nenner allen Rechts zielt zwar nicht auf philosophischen Tiefgang, offenbart aber ein (reaktionär-)politisches Programm. Das haben freilich die kleineren Geister im bürgerlichen Lager noch nicht begriffen, so daß er vor nicht allzulanger Zeit den Vorwurf zu lesen bekam,[236] wie er nur behaupten könne, daß seine Rechtslehre auch für ein marxistisches Recht passe!

Mit dem Nachweis des unwissenschaftlichen und undemokratischen Charakters der neopositivistischen Rechtsphilosophie ist auch das Urteil gesprochen über ihre erkenntnistheoretischen Grundlagen. Wiewohl die Annahme falsch ist, daß verkehrte juristisch-politische Auffassungen letztlich auf philosophischen Irrtümern beruhen — beide sind vielmehr letztlich Ausdruck materiell bedingter Klasseninteressen —, so gibt es doch innerhalb eines rechtstheoretischen Systems einen *inneren* Zusammenhang, der von der Verurteilung der Folgeglieder Rückschlüsse auf die Bewertung der gnoseologischen

Ausgangspositionen gestattet. Auch hierbei zeigt sich, daß die anscheinend unpolitischen Auseinandersetzungen um erkenntnistheoretische Grundfragen tatsächlich weltanschaulich geführte Klassenkämpfe sind.

Schon gar nicht entspricht etwa Kelsens Unterstellung von der „Einheit des Rechts“ der vom Marxismus vertretenen Theorie von der Einheit der Welt, wie angenommen wird.[237] Die Einheit der Welt liegt nämlich in ihrer Materialität, sie ist seit eh und je vorhanden und wurde vom Marxismus entdeckt; die Rechtseinheit hingegen ist, da nicht vorhanden, auch nicht zu entdecken; so mußte sie, da ein Interesse an der Neutralisierung der Klassengegensätze innerhalb der Gesellschaft und zwischen den Gesellschaftssystemen besteht, erfunden werden. Freilich haben auch zugekleisterte Widersprüche die Eigenheit zu bleiben, was sie sind.

Unmittelbar vor der Machtergreifung des Faschismus behauptete Kelsen wiederum, daß es keine wissenschaftlich begründbare Antwort auf die Frage nach inhaltlichen Kriterien des Rechts geben könne: an die Stelle des Gerechtigkeitsideals trete in der rationalen Sphäre der Friedensgedanke.[238] Das hieß damals praktisch Frieden mit jedem und um jeden Preis, also Unterordnung unter die regierenden Nazis.

Als der Faschismus unter den Schlägen der Alliierten zusammengebrochen war, da begann es bei den besseren der Rechtspositivisten zu dämmern: Feuchtwanger schreibt von einem liberalen deutschen Justizminister, Rechtsphilosoph von Weltruf, der gegen gewisse faschistische Hochverräter nicht vorgehe, da — wie er ihm auseinandergesetzt habe — Gerechtigkeit und Recht nichts miteinander zu tun haben. Gustav Radbruch, um den es sich dabei unzweifelhaft handelt,[239] hat tatsächlich in der Weimarer Zeit der Rechtssicherheit den Vorrang vor der Gerechtigkeit eingeräumt — übrigens keineswegs so radikal wie Kelsen. Aber 1945 bekannte eben dieser Radbruch, daß der Positivismus mit seiner Generallosung „Befehl ist Befehl“ und „Gesetz ist Gesetz“ das Volk wehrlos gemacht habe und daher aufgegeben werden müsse.[240] Gutmeinend, aber unfähig zu wirklicher Wandlung, flüchtete sich Radbruch in die „Weisheit der Antike, des christlichen Mittelalters und der Aufklärung“, kurz in ein Naturrecht, dessen gewesene Janusköpfigkeit nicht geleugnet werden soll, das aber heutzutage doch wohl kaum eine progressive Rolle zu spielen in der Lage ist.[241]

Denn wenn man sich schon — auch unter dem Eindruck internationaler Kritik — zu der Meinung durchringt, daß der Rechtspositivismus versagt habe,[242] dann droht diese Erkenntnis schlimmer als wertlos zu werden, wenn sie nicht zu der Einschätzung führt: und alle anderen Strömungen bürgerlichen Rechtsdenkens auch!

Denn die nichtpositivistischen Richtungen der herrschenden Rechtsphilosophie in der Weimarer Periode waren ja im allgemeinen reaktionärer als die positivistischen, und in der Zeit nach 1945 wurde in Westdeutschland — ungeachtet der aufklärerisch-naturrechtlichen Illusionen einzelner — unter dem Deckmantel des Naturrechts objektiv das alte Herrschaftssystem restauriert. Dazu war das Naturrecht schon deshalb wunderbar geeignet, weil es genausowenig wie der Positivismus auch nur irgend jemanden befähigen konnte, die sozialen Wurzeln des Faschismus aufzudecken.

Bis es dann eines Tages soweit war, daß auch die ideologische Kontinuität der bürgerlichen Gesellschaft wieder sichtbar gemacht werden konnte: „Der Positivismus ist tot, es lebe der Positivismus!“[243]

Seit dieser Zeit finden wir unter der *herrschenden* Rechtsphilosophie in der BRD all die alten Ideen im trauten Verein wieder, deren führende Träger 1933 wie 1945 *versagt* oder sich *bewährt* hatten, je nachdem, ob man von links oder von rechts auf die Ereignisse blickt.

Nicht die Rechtsphilosophen machen die Geschichte, gewiß. Aber die Reinen Rechtslehrer wollen sich vor ihrer Verantwortung für den Rechtszustand in der Gesellschaft drücken. Obschon wissend, daß das Recht selbst Instrument der Politik ist,[244] möchten sie die Rechtswissenschaft entpolitisieren, d. h. also, sie zur wahrheitsgetreuen Untersuchung ihres Forschungsobjektes untauglich machen. Sie wollen den politischen Kampf, der in Vergangenheit und Gegenwart *mit* dem Recht und *gegen* das Recht geführt wurde, aus einem Zwang zur Entscheidung in einen Gegenstand beschaulicher Betrachtung verwandeln. Die von ihnen angestrebte „Reinheit“ ist die Sterilität der Leere.

Hier hilft kein Dialogisieren, kein Überreden und keine Zuflucht in die Vergangenheit. Vom Standpunkt einer nichtspekulativen, das wirkliche Leben erfassenden und daher positiven Wissenschaft[245] ist der Spruch unvermeidlich: da die Reine Rechtslehre die Unterwerfung des Menschen unter das Recht der Produktionsmittelbesitzer nicht verurteilt, muß sie selbst verurteilt werden wie die Gesellschaft, die sie erzeugt hat und der sie dient.

Anmerkungen

[1] So H. Kelsen, Reine Rechtslehre, Wien 1967, S. 112. Dagegen W. R. Beyer u. E. Rabofsky, Die Reine Rechtslehre, in: Tagebuch 1961, Nr. 9, S. 10

[2] H. Kelsen, in: Die Wiener rechtstheoretische Schule, Wien 1968, S. 343

[3] Vgl. M. S. Strogowitsch, A. A. Piontkowski und I. A. Ledjach, in: Sowjetwissenschaft, Gesellschaftswissenschaftliche Beiträge, 1960, S. 1375

[4] So bereits E. Paschukanis, Allgemeine Rechtslehre und Marxismus, Wien–Berlin 1929, S. 23f.

[5] Darauf haben sich die bürgerlichen Kritiker des Positivismus im allgemeinen beschränkt; etwa C. F. Ophüls, Ist der Rechtspositivismus logisch möglich?, in: Neue Juristische Wochenschrift, 1968, S. 1745ff.

[6] K. Marx/F. Engels, Werke, Bd. 3, Berlin 1956, S. 63; Bd. 18, S. 276; W. I. Lenin, Werke, Bd. 25, Berlin 1960, S. 479

[7] R. David, G. Grasmann, Einführung in die großen Rechtssysteme der Gegenwart, München 1966, S. 73

[8] E. Engelberg, in: Zeitschrift für Geschichtswissenschaft, 1956, S. 1115

[9] F. Weyr, Zum Geleit von W. Ebenstein, Die rechtsphilosophische Schule der Reinen Rechtslehre, Prag 1938, S. 7

[10] R. A. Métall, Hans Kelsen, Wien, 1969, S. 122ff. Vgl. W. R. Beyer, Eine Marxismus-Verfälschung, in: neue politik, Wien, Oktober 1969, S. 21

[11] Vor allem: H. Kelsen, Sozialismus und Staat — Eine Untersuchung der politischen Theorie des Marxismus, Leipzig 1920 (zweite, stark erweiterte Auflage 1923; dritte Auflage Wien 1965); Marx oder Lassalle, Leipzig 1924; Allgemeine Rechtslehre im Lichte materialistischer Geschichtsauffassung, in: Archiv für Sozialwissenschaft 1931, S. 449–521; The Political Theory of Bolshevism, Berkeley 1948; The Communist Theory of Law, New York 1955. Einzelne dieser Werke liegen außer in

deutsch und englisch auch arabisch, holländisch, italienisch, indonesisch, japanisch, koreanisch, portugiesisch und spanisch vor.

[12] E. Bodenheimer, Juriprudence, Cambridge (Mass.) 1962, p. 101

[13] R. Pound, in: Yale Law Journal 1934, p. 532

[14] Vgl. L. Recasens-Siches, Panorama del Pensiamento Juridico en el Siglo XX, Bd. 1, Mexico 1963, S. 138ff.; J. Kunz, in: Österreichische Zeitschrift für öffentliches Recht 1961, S. 375

[15] United Nations, General Assembly, Fifth Session, Official Records, 363rd Meeting, p. 124; Tenth Session, 546th Meeting, p. 365

[16] So R. Marcic, in: Die Zukunft, Mai 1964, S. 3, sowie in: Philosophie huldigt dem Recht, Wien 1968, S. 18 („Mit der Wiener rechtstheoretischen Schule setzt sich das Imperium Austriae als Imperium mundi fort"). Vgl. auch J. Hannak, in: Arbeiter-Zeitung, Wien, 8. Oktober 1961: Kelsens historische Geltung wird „dauerhafter sein als die Denkmäler aus Erz und Stein, die man Feldherren und Königen errichtet hat, dauerhafter als das bengalische Licht der Propaganda, das man Demagogen und Diktatoren entzündet".

[17] B. Windscheid, Gesammelte Reden und Abhandlungen, Leipzig 1904, S. 9

[18] H. Grotius, Vom Recht des Krieges und des Friedens (1625), Tübingen 1950, S. 50

[19] B. Windscheid, a. a. O., S. 105

[20] J. G. Fichte, Sämtliche Werke, Bd. 3, Berlin 1845, S. 149; Nachgelassene Werke, Bd. 2, Bonn 1834, S. 498f.

[21] B. Windscheid, Lehrbuch des Pandektenrechts (1862), Bd. 1, Frankfurt 1882, S. 43

[22] F. C. v. Savigny, Vom Beruf unserer Zeit zur Gesetzgebung und Rechtswissenschaft, Heidelberg 1814, S. 14, 49. – Zurückgewiesen zu werden verdienen die neuerlichen Bemühungen von Kiefner, Krüger und Naucke (in: Philosophie und Rechtswissenschaft, Frankfurt 1969, S. 3ff.), den Gegensatz zwischen der klassischen deutschen Philosophie und der konterrevolutionären Romantik von Savigny zu nivellieren.

[23] C. F. Gerber, System des deutschen Privatrechts, Jena 1848, S. XVIff. (die Worte in der Klammer sind von Gerber!)

[24] C. F. Gerber, in: Jahrbücher für die Dogmatik des bürgerlichen Rechts, 1857, S. 53ff.

[25] C. F. Gerber, Über öffentliche Rechte, Tübingen 1852, S. 20

[26] So C. F. Gerber, Gesammelte juristische Abhandlungen, Jena 1872, S. 28, 11

[27] So W. Arnold, Recht und Wirtschaft, Basel 1863, S. 10

[28] R. Ihering, Geist des römischen Rechts (1852), Leipzig 1924, Teil I, S. 25ff., Teil II/2, S. 357ff.; Ihering in Briefen an seine Freunde, Leipzig 1913, S. 14

[29] A. Kitz, Seyn und Sollen, Frankfurt 1864, S. 74. Übrigens behauptet Kitz (S. 85), daß das gemeinsame prius von Sein und Sollen der Wille Gottes sei; wir werden noch sehen, daß auch Kelsen nicht viel weiter gekommen ist.

[30] R. Ihering, Geist des römischen Rechts, Teil I, S. 27

[31] A. Bebel, Das BGB und die Sozialdemokratie, in: Die Neue Zeit, 1896, S. 554ff., 577ff.

[32] K. Marx/F. Engels, Werke, Bd. 18, Berlin 1962, S. 514; vgl. E. Engelberg, Deutschland von 1849 bis 1871, Berlin 1962, S. 70f.

[33] J. K. Bluntschli, Denkwürdiges aus meinem Leben, Bd. 2, Nördlingen 1884, S. 58

[34] R. Ihering in Briefen an seine Freunde, Leipzig 1913, S. 207

[35] B. Windscheid, Gesammelte Reden, Leipzig 1904, S. 119, 123

[36] P. Laband, Lebenserinnerungen, Berlin 1918, S. 107

[37] P. Laband, Das Staatsrecht des Deutschen Reiches, Bd. 1, Tübingen 1876, S. Vff.; Bd. 1, Freiburg 1888, S. XI

[38] K. Bergbohm, Jurisprudenz und Rechtsphilosophie, Leipzig 1892, S. 116, 122, 144. Das war damals eindeutig herrschende Meinung: vgl. P. Laband, Das Staatsrecht des Deutschen Reiches, Bd. 2, Tübingen 1911, S. 63; G. Meyer, Der Staat, Leipzig 1895, S. 14f., und K. Binding, Handbuch des Strafrechts, Bd. 1, Leipzig 1885, S. 15

[39] A. Gysin, Rechtsphilosophie und Grundlagen des Privatrechts, Frankfurt 1969, S. 126

[40] F. J. Stahl, Die Philosophie des Rechts, Bd. 2, Heidelberg 1833, S. IX. Vgl. die immer noch lesenswerte Rezension von L. Feuerbach, Gesammelte Werke, Bd. 8, Berlin 1969, S. 24ff. Arge Verzeichnungen Stahls hingegen bei H. Marcuse, Vernunft und Revolution, Neuwied 1962, S. 315ff.

[41] G. W. F. Hegel, Grundlinien der Philosophie des Rechts, Berlin 1956, § 3. — Hugo, den Hegel damit verspottete, rächte sich in seiner Rezension der Hegelschen Rechtsphilosophie in: Göttingische gelehrte Anzeigen, 1821, S. 601ff.

[42] J. Kirchmann (Die Wertlosigkeit der Jurisprudenz als Wissenschaft (1848), Darmstadt 1956, S. 25) wird immer noch als aktuell empfunden, z. B. beklagt ein bundesdeutscher Richter (in: Th. Rasehorn, Im Namen des Volkes, Neuwied 1968, S. 154), daß die Entfernung des Rechts von der Wirklichkeit in dem Maße zunehme, in dem sich der Jurist der Rechtswissenschaft bediene.

[43] W. Friedmann, in: Archiv für Rechts- und Sozialphilosophie, 1955, S. 352; W. Meder, Grundzüge der sowjetischen Staats- und Rechtstheorie, Karlsruhe 1963, S. 10 (ein pennälerhaftes Pamphlet).

[44] H. Cohen, Ethik des reinen Willens, Berlin 1921, S. 67, 625; H. Kelsen, Hauptprobleme der Staatsrechtslehre, Tübingen 1911, S. 93

[45] G. W. F. Hegel, Sämtliche Werke, Bd. 1, Stuttgart 1949ff., S. 437

[46] G. W. F. Hegel, Rechtsphilosophie, § 3

[47] G. W. F. Hegel, Sämtliche Werke, Bd. 1, S. 440

[48] G. W. F. Hegel, Rechtsphilosophie, S. 47, 305f.

[49] Vgl. H. Klenner, Der Grund der Grundrechte bei Hegel, in: Schweizer Monatshefte, 1967, S. 252ff.

[50] G. W. F. Hegel, Sämtliche Werke, Bd. 1, S. 311; Bd. 4, S. 17; Bd. 8, S. 107; Bd. 19, S. 389

[51] G. W. F. Hegel, Sämtliche Werke, Bd. 1, S. 516, 524

[52] Kamptz am 11. September 1824 an Beckedorff, in: Archiv der Humboldt-Universität zu Berlin, Universitätskurator Nr. 549, Bl 164

[53] K. Marx/F. Engels, Werke, Ergänzungsband 1, Berlin 1968, S. 390

[54] H. Kelsen, Demokratie und Sozialismus, Wien 1967, S. 111. Bereits Adolf Merkel hatte es (Zeitschrift für das Privat- und öffentliche Recht, 1874, S. 402ff.) als Ziel der philosophischen Arbeit auf juristischem Gebiet bezeichnet, aus den vom Gesetzgeber gelieferten Begriffen einen allgemeinen Teil der Rechtswissenschaft zu konstruieren. Und auch neuerdings wird (von H. Ryffel, in: Le Raisonnement Juridique, Actes du Congrès mondial de Philosophie du Droit et de Philosophie Sociale, Bruxelles 1971, p. 571) die Beweisführung des Juristen auf eine Argumentation innerhalb (!) eines positiven Rechtssystems festgelegt.

[55] G. W. F. Hegel, Sämtliche Werke, Bd. 1, S. 152; Bd. 4, S. 17; Bd. 8, S. 107; Bd. 17, S. 350; H. Marcuse, Vernunft und Revolution, Neuwied 1962, S. 370

[56] O. W. Holmes, The Common Law, Boston, 1881, p. 1 ("The life of the law has not been logic, it has been experience"); R. Ihering Geist des römischen Rechts, Leipzig 1924, Teil II, S. 321; W. Schönfeld, Über den Begriff einer dialektischen Jurisprudenz, Greifswald 1929, S. 39; H. Coing, in: Die ontologische Begründung des Rechts, Bad Homburg 1965, S. 45

[57] G. W. F. Hegel, Sämtliche Werke, Bd. 1, S. 536

[58] G. W. F. Hegel, Rechtsphilosophie, §§ 212, 215 (Zusatz)

[59] Vgl. K. L. Michelet, Naturrecht, Berlin 1866 (Neudruck Brüssel 1968), Bd. 1, S. 11f. Zu Hegels Herabsinken in einen unkritischen Positivismus vgl. K. Marx/F. Engels, Werke, Ergänzungsband 1, Berlin 1968, S. 573

[60] K. Marx/F. Engels, Werke, Bd. 1, Berlin 1956, S. 207; Bd. 3, S. 311; Bd. 21, S. 164; Bd. 25, S. 801; W. I. Lenin, Werke, Bd. 25, Berlin 1960, S. 481

[61] So: W. Maihofer, in: Ideologie und Recht, Frankfurt 1969, S. 35.

[62] G. W. F. Hegel, Sämtliche Werke, Bd. 1, S. 46

[63] Grundsatzerklärung der Deutschen Kommunistischen Partei, Düsseldorf 1969, S. 21ff.

[64] H. Kelsen, Die Wiener rechtstheoretische Schule, Wien 1968, S. 1510f., 1925

[65] H. Kelsen, Hauptprobleme der Staatsrechtslehre, Tübingen 1911; Allgemeine Staatslehre, Berlin 1925; Reine Rechtslehre, Leipzig 1934; General Theory of Law and State, Cambridge (Mass.) 1945; Théorie Pure du Droit, Neuchâtel 1953; Reine Rechtslehre, Wien 1960. – In: Die Wiener rechtstheoretische Schule, Wien 1968, sind die wichtigsten Zeitschriftenaufsätze von Kelsen, Merkl und Verdroß auf mehr als 2000 Seiten zusammengestellt.

[66] H. Kelsen, Reine Rechtslehre, Leipzig 1934, S. 66 f., Israel Law Review, 1966, p. 6f.

[67] H. Kelsen, Das Problem der Souveränität, Tübingen 1920, S. 106f. Mit berechtigtem Spott meint D. Lloyd (The Idea of Law, London 1966, p. 172), daß Kelsens Gedanke einer Grundnorm, hinter der wir nichts erfragen dürfen, jener Idee gleiche, nach der die Welt auf einem Elefanten ruhe, die Regeln es aber nicht erlauben zu forschen, worauf sich der Elefant stütze.

[68] H. Kelsen, Hauptprobleme der Staatsrechtslehre, Tübingen 1911, S. 411

[69] H. Kelsen, in: Veröffentlichungen der Vereinigung Deutscher Staatsrechtslehrer, Berlin 1927, Heft 3, S. 57

[70] H. Kelsen, in: Die Wiener rechtstheoretische Schule, Wien 1968, S. 339, 1423

[71] H. Kelsen, Reine Rechtslehre, Wien 1967, S. 205

[72] So: A. Vonlanthen, Zu Hans Kelsens Anschauung über die Rechtsnorm, (West-)Berlin 1965, S. 59. Die Antwort Kelsens hierauf findet sich in: Österreichische Zeitschrift für öffentliches Recht, 1966, S. 233ff.

[73] H. Kelsen, in: Die Wiener rechtstheoretische Schule, Wien 1968, S. 1396, 1477

[74] H. Kelsen, in: Verdroß-Festschrift, Wien 1960, S. 159. Auf die Frage, in wievielen Fällen eine Norm angewendet werden müsse,

um als wirksam zu gelten, verweigerte Kelsen (in: Österreichische Zeitschrift für öffentliches Recht 1965, S. 363) die Antwort und stellte die Entscheidung darüber dem Ermessen des rechtsanwendenden Organs anheim.

75 H. Kelsen, Reine Rechtslehre, Wien 1967, S. 10, 219

76 H. Kelsen, Der soziologische und der juristische Staatsbegriff, Tübingen 1922, S. 80f.

77 So K. Leiminger, Die Problematik der Reinen Rechtslehre, Wien 1967, S. 63ff.

78 H. Kelsen, Demokratie und Sozialismus, Wien 1967, S. 69

79 H. Kelsen, Hauptprobleme der Staatsrechtslehre, Tübingen 1911, S. 353

80 So F. Schreier, in: Logos 1922/23, S. 310

81 So M. Stockhammer, in: Archiv für Rechts- und Sozialphilosophie 1951, S. 224

82 Vgl. H. Klenner, Lenins „Empiriokritizismus" und die Grundfrage der Rechtstheorie, in: Staat und Recht, 1967, S. 1615ff.

83 K. Marx/F. Engels, Werke, Bd. 3, Berlin 1956, S. 26f., 300ff.; Bd. 13, S. 8f.; Bd. 20, S. 25

84 U. Klug, in: Law, State and Legal Order, Knoxville 1964, S. 154, 167

85 Vgl. W. I. Lenin, Werke, Bd. 38, Berlin 1964, S. 198ff.

86 H. Kelsen, in: Nipperdey-Festschrift, Bd. 1, München 1965, S. 59; auch Reine Rechtslehre, Wien 1967, S. 201. Ebenso die Meinung des Reichsgerichts (RGZ 118/327).

87 J. Moór, in : Internationale Zeitschrift für Theorie des Rechts 1927/28, S. 202. Hier drängt sich die Ähnlichkeit zu L. Wittgenstein (Tractatus Logico-Philosophicus (1918), Frankfurt 1966, S. 104) auf, nach dem die Erforschung der (nichtdialektischen) Logik die Erforschung aller Gesetzmäßigkeit ist. Die systematische Einbeziehung Wittgensteins in den juristischen Positivismus hat allerdings erst H. L. A. Hart (The Concept of Law, Oxford 1961, p. 234ff.) vollzogen.

88 Vgl. K. Marx/F. Engels, Werke, Bd. 3, Berlin 1958, S. 178, und W. I. Lenin, Werke, Bd. 14, Berlin 1962, S. 23ff., 191ff.

89 H. Kelsen, Was ist Gerechtigkeit, Wien 1953, S. 61, sowie in: Juristenzeitung, 1965, S. 468

90 G. Radbruch, Rechtsphilosophie, Stuttgart 1950, S. 93

91 V. Peschka, in: Acta Juridica Academiae Scientiarum Hungaricae 1969, S. 12. Vgl. auch Arthur Baumgartens Kritik an der Loslösung des Sollens vom Sein in seinen Grundzügen einer juristischen Methodenlehre, Bern 1939, S. 74ff.

92 H. Kelsen, in: Das Naturrecht in der politischen Theorie, Wien 1963, S. 4.

[93] W. I. Lenin, Werke, Bd. 32, Berlin 1961, S. 217

[94] So H. Kelsen, in: Die Wiener rechtstheoretische Schule, Wien 1968, S. 316

[95] H. Kelsen, Hauptprobleme der Staatsrechtslehre, Tübingen 1911, S. V.

[96] H. Kelsen, in: Die Wiener rechtstheoretische Schule, Wien 1968, S. 79, 958

[97] Etwa R. A. Métall, Die politische Befangenheit der Reinen Rechtslehre, in: Internationale Zeitschrift für Theorie des Rechts, 1936, S. 163ff., sowie H. Janzen, Kelsens Theory of Law, in: The American Political Science Review, 1937, p. 226; R. Walter, in: Rechtstheorie, 1970, S. 83

[98] R. Ihering, Geist des römischen Rechts, Leipzig 1924, Teil III, S. 321; Der Zweck im Recht, Bd. 1, Leipzig 1916, S. 241, 331, Bd. 2, Leipzig 1886, S. 587

[99] W. A. Tumanow, in: Sowjetwissenschaft 1958, S. 326. Anderer Meinung ist H. Mayer, der es fertigbringt (Karl Marx und das Elend des Geistes, Meisenheim 1948, S. 58f.), in Gierkes feudalverbrämte Machtapologetik progressive Gedanken hineinzulesen.

[100] H. Kelsen, Why should the law be obeyed, in: What is Justice, Berkeley 1957, p. 257, 262

[101] K. Bergbohm, Jurisprudenz und Rechtsphilosophie, Leipzig 1892, S. 398 (Hervorhebungen vom Verf.)

[102] Vgl. F. K. Kaul, Geschichte des Reichsgerichts, Bd. 4, Berlin 1971, S. 58f.

[103] G. Radbruch, Rechtsphilosophie (1932), Stuttgart 1950, S. 182

[104] E. Schmidt, in: Tagung deutscher Juristen in Godesberg, Hamburg 1947, S. 231, sowie H. Weinkauff, in: Die deutsche Justiz und der Nationalsozialismus, Bd. 1, Stuttgart 1968, S. 37 f.

[105] C. F. v. Weizsäcker in: Das 198. Jahrzehnt, Hamburg 1969, S. 503

[106] H. Kelsen, in: Die Wiener rechtstheoretische Schule, Wien 1968, S. 1515 f.

[107] Ebenda, S. 288, sowie Allgemeine Staatslehre, Bad Homburg 1966, S. 370. Dazu Z. Péteri in: Acta Juridica Academiae Scientiarum Hungaricae, 1960, S. 134 f.

[108] V. Cathrein, Recht, Naturrecht und positives Recht, Freiburg 1901, S. 159f.

[109] Vgl. K. Marx/F. Engels, Werke, Bd. 7, Berlin 1960, S. 525; W. I. Lenin, Werke, Bd. 16, Berlin 1962, S. 315

[110] Vgl. R. Meister, Das Rechtsstaatsproblem, Berlin 1966, S. 15ff.

[111] H. Kelsen, Allgemeine Staatslehre, Berlin 1925, S. 91; Reine Rechtslehre, Wien 1967, S. 314

[112] H. Kelsen, in: Zeitschrift für das Privat- und Öffentliche Recht, Bd. 40, S. 114

[113] H. Kelsen, Juristischer Formalismus und Reine Rechtslehre, in: Juristische Wochenschrift, 1929, S. 1723f.; Die Wiener rechtstheoretische Schule, Wien 1968, S. 259, 617, 1369, 1485; General Theory of Law and State, Cambridge (Mass.) 1949, p. 178. Wenn daher der oberste SS-Inspekteur aller Konzentrationslager als Vordruck über seinen Briefen die Formel benutzte „Es gibt nur eines, was Gültigkeit hat: der Befehl!", wie sollte ihm da ein durch die Schule Kelsens Gegangener widersprechen? (vgl. R. Höß, Kommandant in Auschwitz, Stuttgart 1958, S. 72).

[114] A. Merkl, in: Die Wiener rechtstheoretische Schule, S. 208, 1196, 1624. M., der die Hexenverbrennungen ebenso wie den Schierlingstrunk des Sokrates moralisch legitimierte, biederte sich — anders als Kelsen — unmittelbar beim Faschismus an (ebenda, S. 434, 476, 1969).

[115] Diese Aufgabe lösten Kelsens Vor- und Mitläufer F. Weyr (Zum Problem eines einheitlichen Rechtssystems, in: Archiv des öffentlichen Rechts 1908, S. 579) sowie seine Meisterschüler A. Merkl (Prolegomena einer Theorie des rechtlichen Stufenbaus, in: Gesellschaft—Staat—Recht, Frankfurt 1967, S. 252ff.) und A. Verdroß (Die Einheit des rechtlichen Weltbildes, Tübingen 1923.) Vgl. auch R. Walter, Der Aufbau der Rechtsordnung, Graz 1964.

[116] Etwa U. Klug, Juristische Logik, (West-)Berlin 1966; N. Luhmann, Positivität des Rechts als Voraussetzung einer modernen Gesellschaft, in: Jahrbuch für Rechtssoziologie und Rechtstheorie, Bd. 1, Bielefeld 1970, S. 175ff.; Sp. Simitis, Informationskrise des Rechts und Datenverarbeitung, Karlsruhe 1970.

[117] So F. Weyr, in: Zeitschrift für das Privat- und öffentliche Recht, Bd. 40, S. 182

[118] Vgl. K. Marx/F. Engels, Werke, Bd. 21, Berlin 1962, S. 302

[119] H. Kelsen, in: Die Wiener rechtstheoretische Schule, Wien 1968, S. 1453

[120] So F. Ryszka, in: Panstwo i Prawo, 1965, S. 747

[121] Vgl. H. Kelsen, Hauptprobleme der Staatsrechtslehre, Tübingen 1911, S. X

[122] So F. Weyr, in: Archiv des öffentlichen Rechts, 1908, S. 544

[123] H. Kelsen, Hauptprobleme der Staatsrechtslehre, Tübingen 1911, S. VII

[124] H. Kelsen, in: Archiv für Sozialwissenschaft, Tübingen 1915, S. 876

[125] R. Schmid, in: Weltanschauliche Hintergründe in der Rechtsprechung, Karlsruhe 1968, S. 54

[126] Vgl. H. Wessel, Philosophie des Stückwerks, Berlin 1971, S. 62f.

[127] A. Feuerbach, Kleine Schriften, Nürnberg 1833, S. 62

[128] R. Carnap, Der logische Aufbau der Welt, Berlin 1928, S. 257; H. Kelsen, in: Das Naturrecht in der politischen Theorie, Wien 1963, S. 1ff. Ihren wohl absoluten Tiefstand hat diese Auffassung bei K. Popper erreicht, der (in: Club Voltaire I, Reinbek 1969, S. 271f.) die Unwiderlegbarkeit sämtlicher philosophischer Theorien behauptet einschließlich jener, welche falsch sind!

[129] H. Kelsen, in: Verdroß-Festschrift, Wien 1960, S. 165

[130] H. Kelsen, General Theory of Law and State, Cambridge (Mass.) 1949, p. 374, 409; Die Wiener rechtstheoretische Schule, Wien 1968 S., 219

[131] H. Kelsen, in: Essays in Jurisprudence in Honor of Roscoe Pound, Indianapolis 1962, p. 355; Österreichische Zeitschrift für öffentliches Recht, 1963, S. 2

[132] A. Merkl und A. Verdroß, in: Die Wiener rechtstheoretische Schule, Wien 1958, S. 796, 485, 2205; ähnlich L. Pitamic, in: Verdroß-Festschrift, Wien 1960, S. 216, sowie Legaz y Lacambra, in: Zeitschrift für öffentliches Recht, 1932, S. 642, 664. – Zur naturrechtlichen Integration der Reinen Rechtslehre bereits: E. Rabofsky, in: Tagebuch, Wien 1965, Nr. 9, S. 6

[133] H. Kelsen, Aufsätze zur Ideologiekritik, Neuwied 1964, S. 54

[134] H. Kelsen, in: Das Naturrecht in der politischen Theorie, Wien 1963; S. 4. Es erscheint daher nicht ungerechtfertigt, wenn R. Marcic (Verfassungsgerichtsbarkeit und Reine Rechtslehre, Wien 1966, S. 37ff.) Kelsen als Nachfahre des Thomas von Aquin feiert. Kelsen wiederum hat Marcic bescheinigt (in: Österreichische Zeitschrift für öffentliches Recht, 1965, S. 270), daß seine eigene Reine Rechtslehre durch dessen katholisch-naturrechtlichen Standpunkt „trefflich" ergänzt werde. Das Zusammenspiel ist perfekt.

[135] H. Kelsen, Reine Rechtslehre, Leipzig 1934 und Wien 1960, jeweils S. 1. Nicht unberechtigt bescheinigt R. Hofmann (logisches und metaphysisches Rechtsverständnis, München 1967, S. 38) Kelsen „heimliche Liebe zur Theologie".

[136] H. Kelsen, In eigener Sache, in: Österreichische Zeitschrift für öffentliches Recht, 1965 S. 106

[137] Vor allem: F. Kaufmann, Logik und Rechtswissenschaft, Tübingen 1922; F. Schreier, Grundbegriffe und Grundformen des Rechts, Leipzig 1924; P. Amselek, Méthode Phénoménologique et Théorie du Droit, Paris 1964

[138] W. Maihofer, in: Rechtstheorie, Beiträge zur Grundlagendiskussion, Frankfurt a. M. 1971, S. 427f.

[139] So anläßlich der philosophischen Ehrenpromotion Kelsens in Salzburg am 1. Juni 1967 (in: Philosophie huldigt dem Recht, Wien 1968, S. 20).

[140] N. Leser, in: Law, State und Legal Order, Knoxville 1964, p. 189

[141] M. Adler, Die Staatsauffassung des Marxismus, Wien 1922. In Kelsens in Europa verbliebener Bibliothek fand sich ein Exemplar dieses Werkes mit der handschriftlichen Widmung „Dem lieben Gegner in streitbarer Freundschaft Max Adler" (vgl. Antiquariatskatalog 437 Hellmut Schumann, Zürich 1954). Auf Adlers Polemik antwortete Kelsen in der stark erweiterten zweiten Auflage seiner Schrift „Sozialismus und Staat" (Leipzig 1923), aus der dann in der dritten Auflage (Wien 1965) sowohl diese Polemik wie auch ein längerer „großdeutsch" orientierter Absatz weggelassen wurde (vgl. S. 5ff., 206f. der zweiten und S. 21, 173 der dritten Auflage). Zum Verhältnis Adler—Kelsen vgl. N. Leser, Zwischen Reformismus und Bolschewismus, Wien 1968, S. 547ff.

[142] Um wenigstens ein einziges Beispiel anzuführen: so behauptet doch Kelsen allen Ernstes (The Political Theory of Bolshevism, Berkeley 1949, p. 39), daß nach Marx und Engels der einzige Unterschied zwischen der Demokratie des kapitalistischen und der Demokratie des proletarischen Staates darin bestünde, daß der proletarische Staat *mehr* demokratisch sein würde als der kapitalistische. Zur Richtigstellung vgl. W. I. Lenin, Werke, Bd. 28, Berlin 1959, S. 374, 471. — F. Ermacora hat (in: Forum, 1965, S. 226f.) die leichtfertige Quellenunkenntnis Kelsens beispielhaft belegt.

[143] H. Kelsen, Sozialismus und Staat, Leipzig 1920, S. 19ff., 67ff.; The Communist Theory of Law, London 1955, p. 51ff., 193

[144] Vgl. L. I. Breshnew, Rechenschaftsbericht des ZK der KPdSU an den XXIV. Parteitag, Moskau—Berlin 1971, S. 111

[145] H. Kelsen, The Political Theory of Bolshevism, Berkeley 1949, p. 40; Demokratie und Sozialismus, Wien 1967, S. 11, 201

[146] Vgl. B. A. Schabad, Die politische Philosophie, Berlin 1970, S. 148ff., sowie H. Klenner, Lenins Auseinandersetzung mit der bürgerlichen Demokratiekonzeption in der heutigen Zeit, in: Philosophie-Kongreß der DDR, Berlin 1970, Teil V, S. 61ff.

[147] H. Kelsen, Absolutism and Relativism in Philosophy and Politics, in: What is Justice, Berkeley 1957, p. 198f.; Sozialismus und Staat, Wien 1965, S. 160

[148] Carl Schmitt, Der Hüter der Verfassung, Tübingen 1931, S. 158

[149] H. Kelsen, Wer soll Hüter der Verfassung sein, Berlin 1931. In dieser Schrift (S. 55) kokettiert K. sogar mit der marxistischen Argumentationsweise, um Schmitt zu erschrecken. Kelsen hatte sich übrigens für die Habilitierung Carl Schmitts in Köln eingesetzt, was dieser ihm 1933 nicht entgalt.

[150] Vgl. H. Lammers, K. Simons, Die Rechtsprechung des Staats-

gerichtshofes, Bd. 5, Berlin 1933, S. 30ff. H. Kelsen kommentierte dieses Urteil (in: Die Justiz, Bd. 8, S. 65ff.) und kam (S. 89) zu der die Grenze zwischen Einfalt und Borniertheit längst überschreitenden Meinung, daß die Wurzel(!) des Übels in der „technischen Unzulänglichkeit" der Weimarer Verfassung gelegen habe. Das heißt, wahrlich den Nazis leichtes Spiel gemacht zu haben.

151 KPD-Prozeß, Dokumentarwerk, Bd. 3, Karlsruhe 1956, S. 656

152 H. Kelsen, Demokratie und Sozialismus, Wien 1967, S. 68; Die Wiener rechtstheoretische Schule, Wien 1968, S. 1923

153 H. Kelsen, The Political Theory of Bolshevism, Berkeley 1948, p. 7, 48ff.

154 Vor allem H. Kelsen, The Pure Theory of Law and Analytical Jurisprudence, in: Harvard Law Review, 1941, p. 44f.

155 Zutreffend bemerkt von W. A. Tumanow, Der Neopositivismus in der bürgerlichen Rechtstheorie, in: Sowjetwissenschaft, 1970, S. 1297ff.

156 Zum Folgenden H. Kelsen, Principles of International Law, New York 1967, p. 553ff.; Reine Rechtslehre, Wien 1967, S. 328ff. Dazu P. Popoff, Kritik des modernen bürgerlichen Rechtsnormativismus, Sofia 1964, S. 468ff. (bulg.)

157 H. Kelsen, Das Problem der Souveränität, Tübingen 1920; Principles of International Law, New York 1952, p. 108ff.

158 J. Austin, The Province of Jurisprudence (1832), London 1954, p. 140f., kritisiert von H. Kelsen, Law and Peace, Cambridge (Mass.) 1948, p. 63, 77

159 H. Kelsen, Peace through Law, Chapel Hill 1944, p. 16

160 H. Kelsen, The Law of the United Nations, London 1951, p. 920, 927

161 H. K. (d. i. H. Kelsen; vgl. R. A. Métall, Hans Kelsen, Wien 1969, S. 148, Nr. 482), Rezension des Handbuches der Sowjetverfassung von R. Maurach, in: Ost-Probleme 1957, S. 827. Zu Maurach vgl. Braunbuch der Kriegs- und Naziverbrecher in der Bundesrepublik, Berlin 1965, S. 319

162 A. Verdroß, in: Die Wiener rechtstheoretische Schule, Wien 1968, S. 2118

163 F. Weyr, Zum Geleit von W. Ebenstein, Die rechtsphilosophische Schule der reinen Rechtslehre, Prag 1938, S. 5

164 Darauf hat W. R. Beyer immer wieder hingewiesen, z. B. in: Deutsche Zeitschrift für Philosophie, 1964, S. 1401; Philosophisches Wörterbuch, Leipzig 1969, S. 931.

165 Vgl. Die Wiener rechtstheoretische Schule, Wien 1968, S. 237, 1248

166 A. Merkel, in: F. v. Holtzendorff, Enzyklopädie der Rechtswissenschaft, Leipzig 1890, S. 91

[167] A. Merkel, in: Zeitschrift für das Privat- und öffentliche Recht, Bd. 1, S. 2, 402 (1874); H. Kelsen, ebenda, Bd. 40, S. 1 (1913); F. Weyr, ebenda, Bd. 40, S. 175; A. Merkl, ebenda, Bd. 42, S. 535 (1916)

[168] A. Verdroß, in: Philosophie huldigt dem Recht, Wien 1968, S. 50

[169] F. Weyr, Zum Problem einer einheitlichen Rechtsordnung, in: Archiv des öffentlichen Rechts, 1908, S. 579

[170] Vgl. G. Jellinek, System der subjektiven öffentlichen Rechte, Freiburg 1892, S. 12ff.; Allgemeine Staatslehre (1900), Berlin 1914, S. 25, 50 (von H. Kelsen — Allgemeine Staatslehre, Bad Homburg 1966, S. IX — als das standard work seines unvergeßlichen Lehrers gewürdigt).

[171] H. Kelsen, Reine Rechtslehre, Leipzig 1934, S. 1; J. Austin, Lectures on Jurisprudence (1832), London 1869, vol. I, p. 88, 1107. Daß Austin selbst wiederum unter ideologischem Einfluß von Hobbes und Bentham, aber auch einer ganzen Reihe deutscher Philosophen und Juristen stand, soll hier nicht weiter untersucht werden (vgl. St. Gagnér, Studien zur Ideengeschichte der Gesetzgebung, Stockholm 1960, S. 88ff., A. Schwarz, John Austin and the German jurisprudence of his time, London 1934, p. 190f.; K. Volk, Die Juristische Enzyklopädie des Nikolaus Falck, (West-)Berlin 1970, S. 64)

[172] H. Kelsen, in: Harvard Law Review, vol. LV, p. 54 (1941/42)

[173] K. Bergbohm, Jurisprudenz und Rechtsphilosophie, Leipzig 1892, S. 13, 125, 333; A. Affolter, Zur Normentheorie, in: Archiv des öffentlichen Rechts 1908, S. 365ff.

[174] E. Roguin, La Règle du Droit, Lausanne 1889, p. 29ff; E. Picard, Le Droit Pur, Paris 1908, p. 25, 40; E. Roguin, La Science Juridique Pure, Paris 1923, vol. 1, p. 58ff., 467ff.

[175] F. Schreier, Eine französische reine Rechtslehre, in: Internationale Zeitschrift für Theorie des Rechts, Bd. 2, S. 57ff. (1927/28). Schon früher übrigens ausgewertet von F. Somló (Juristische Grundlage, Leipzig 1917, S. 47f.), der auch (S. 33ff., 150ff.) Austin einer umfangreichen Analyse unterzog. Vgl. auch F. Guisan, La Science Juridique pure, Roguin et Kelsen, Lausanne 1940.

[176] K. Renner, Die Rechtsinstitute des Privatrechts (1904), Stuttgart 1965, S. 52

[177] Das verkennt durchgehend E. Fechner in seinen ideologiekritischen Bemerkungen zum Positivismus in: Ideologie und Recht, hrsg. von W. Maihofer, Frankfurt 1969, S. 99, in denen Kelsen auf das Niveau Bergbohms gedrückt wird und so die eigentliche Gefährlichkeit des heutigen Positivismus unbemerkt bleibt.

[178] K. Bergbohm, Jurisprudenz und Rechtsphilosophie, Leipzig 1892, S. 51, 311; H. Kelsen, Der soziologische und der juristische Staatsbegriff, Tübingen 1922, S. 211

[179] H. Kelsen, Allgemeine Staatslehre, Berlin 1925, S. 19; Reine Rechtslehre, Wien 1967, S. 60. J. Hall vereinfacht also allzusehr, wenn er (in: Buffalo Law Review, 1958, p. 368f.) behauptet, Kelsen teile den Standpunkt des Wiener Kreises. Zum Verhältnis des philosophischen zum juristischen Positivismus vgl. auch L. Fuller, The Anatomy of Law, New York 1968, p. 113f. S. Hook weist übrigens (in: Law and Philosophy, A Symposium, New York 1964, p. XII) darauf hin, daß so manche Gedanken Wittgensteins von Juristen vorweggenommen worden seien.

[180] Wissenschaftliche Weltauffassung, Der Wiener Kreis, Wien 1929; R. v. Mises, Kleines Lehrbuch des Positivismus, The Hague 1939, S. 380; A. Ayer, The Foundations of Empirical Knowledge, London 1963, p. 196.

[181] Zur Rolle des Neokantianismus bei der Entstehung des logischen Positivismus vgl. V. Ruml, Der logische Positivismus, Berlin 1965, S. 51ff.; Zum Machismus vgl. I. S. Narski, Positivismus in Vergangenheit und Gegenwart, Berlin 1967, S. 130ff.

[182] H. Kelsen, Hauptprobleme der Staatsrechtslehre, Vorrede zur zweiten Auflage, Tübingen 1923, S. XVII. Zu Cohen vgl. Geschichte der Philosophie, Bd. III, Berlin 1961, S. 315f.; W. Heise, Aufbruch in die Illusion, Berlin 1964, S. 101; M. Klein u. a., Zur Geschichte der marxistisch-leninistischen Philosophie in Deutschland, Bd. I, 2. Halbband, Berlin 1969, S. 294f.

[183] St. Verosta, in: Verdroß-Festschrift, Wien 1960, S. 14. — M. Salomon (Grundlegung der Rechtsphilosophie, Berlin 1925, S. IV, 111) bekannte sich ebenfalls zu Cohen, entwickelte aber von Kelsen deutlich unterscheidbare Positionen. Allein das macht schon deutlich, daß es keine zwingende Konsequenz von Cohen zu Kelsen gibt.

[184] Etwa W. Schuppe, Grundzüge der Ethik und Rechtsphilosophie, Breslau 1884, S. 4. Dazu W. I. Lenin, Werke, Bd. 14, Berlin 1962, S. 210

[185] R. Avenarius, in: Vierteljahresschrift für wissenschaftliche Philosophie, Bd. 19 (1895), S. 2; E. Mach, Erkenntnis und Irrtum (1905), Darmstadt 1968, S. 4; J. Petzoldt, Das Weltproblem vom Standpunkte des relativistischen Positivismus aus (1906), Leipzig 1924, S. VI, 184

[186] H. Kelsen, Der soziologische und der juristische Staatsbegriff, Tübingen 1922, S. 208; Hauptprobleme der Staatsrechtslehre, Tübingen 1911, S. 14

[187] E. Mach, Erkenntnis und Irrtum, Darmstadt 1968, S. 164f.; H. Kelsen, Reine Rechtslehre, Wien 1960, S. 239

[188] V. Kraft, Der Wiener Kreis, Wien 1950, S. 168f.; vgl. bereits H. Poincaré, Letzte Gedanken, Leipzig 1913, S. 227, 246

[189] H. Kelsen, Reine Rechtslehre, Wien 1967, S. 40ff.; M. Weber, Die „Objektivität" sozialwissenschaftlicher und sozialpolitischer Erkenntnis (1904) und Der Sinn der „Wertfreiheit" der soziologischen und ökonomischen Wissenschaften (1917), in: Gesammelte Aufsätze zur Wissenschaftslehre, Tübingen 1951, S. 146ff., 475ff. Zu Weber vgl. I. S. Kon, Der Positivismus in der Soziologie, Berlin 1968, S. 131ff. Daß Kelsen radikaler, d.h. verkehrter noch als Weber vorgeht, zeigt seine Kritik an ihm, in: Allgemeine Staatslehre, Berlin 1925, S. 19ff. – Kelsen wiederum ist inzwischen von einem seiner Anhänger rechts überholt worden, der (U. Klug, in: Radbruch-Gedächtnisschrift, Göttingen 1968, S. 103) hinsichtlich des Erkenntniswertes zwischen Wert- und Wirklichkeitsurteilen keinen Unterschied macht, da beide letztlich auf unbewiesenen Prämissen beruhen.

[190] M. Schlick, Fragen der Ethik, Wien 1930, S. 116, Ansonsten kritisiert Kelsen (Reine Rechtslehre, Wien 1960, S. 60f.) Schlick und Ayer wegen ihres noch zu großen Wirklichkeitsbezuges. Vgl. auch R. v. Mises, Positivism, New York 1968, p. 332

[191] Vgl. W. Windelband, Normen und Naturgesetze (1882), in: Präludien, Bd. 2, Tübingen 1915, S. 67, 72; H. Cohen, Ethik des reinen Willens (1904), Berlin 1921, S. 272. – Demgegenüber wirkt der Normbegriff der juristischen Altpositivisten (etwa: K. Binding, Die Normen, Bd. 1, Leipzig 1872, S. 31f.) ausgesprochen unterentwickelt.

[192] H. Kelsen, Hauptprobleme der Staatsrechtslehre, Tübingen 1911, S. 23f.; Zum Begriff der Norm, in: Nipperdey-Festschrift, Bd. 1, München 1965, S. 57f.

[193] G. Radbruch, Über die Methode der Rechtsvergleichung, in: Monatsschrift für Kriminalpsychologie 1905, S. 423f. Zustimmend H. Kantorowicz, ebenda 1908, S. 78, 102. – Für Kelsen war diese Position nicht konsequent genug; er kritisierte (in: Archiv für Sozialwissenschaft, 1915, S. 840) Radbruch wegen der auch von ihm nicht vermiedenen Vermengung von Sein und Sollen.

[194] F. v. Liszt, in: Zeitschrift für die gesamte Strafrechtswissenschaft, Bd. 18, S. 256, Bd. 26, S. 556, Bd. 27, S. 95

[195] H. Kelsen, Die Wiener rechtstheoretische Schule, Wien 1968, S. 348

[196] D. Hume, A Treatise of Human Nature, London 1962, Vol. 2, p. 178

[197] I. Kant, Kritik der reinen Vernunft (Reclam), Leipzig 1944, S. 615; Kant, Kritik der Urteilskraft (Meiner), Leipzig 1948, S. 11, 33, 342

[198] G. W. F. Hegel Wissenschaft der Logik, Bd. 1, Leipzig 1948, S. 119ff., Hegel; Enzyklopädie, Berlin 1966, S. 188; zustimmend W. I. Lenin, Werke, Bd. 38, Berlin 1964, S. 198. Der noch nicht zwanzigjährige Karl Marx (Werke, Ergänzungsband 1, Berlin 1968, S. 4f.) ließ sich bereits in seinen eigenen rechtsphilosophischen Überlegungen von der Hegelschen Idee einer Einheit von Wirklichkeit und Sollen leiten.

[199] Zum Beispiel von H. Albert, in: Das 198. Jahrhundert, Hamburg 1969, S. 278

[200] H. Kelsen, The Political Theory of Bolshevism, Berkeley 1949, p. 14, 19ff. Dabei scheut Kelsen auch nicht vor groben Entstellungen zurück, so wenn er (p. 9) behauptet, daß für Hegel alles *Existierende* vernünftig sei („... all that exists is rational"). Daß Hegel zwischen Wirklichkeit und Existenz scharf unterschied (vgl. § 6 seiner Enzyklopädie), sollte sich eigentlich herumgesprochen haben.

[201] Vgl. R. Métall, Hans Kelsen, Wien 1969, S. 40

[202] H. Kelsen, Der Begriff des Staates und die Sozialpsychologie, in: Imago, 1922, S. 118, 141; Aufsätze zur Ideologiekritik, Neuwied 1964, S. 29, 114; Die Wiener rechtstheoretische Schule, Wien 1968, S. 144, 316, 357, 1925, 1928. – Dazu S. Freud, Gesammelte Werke, London 1955, Bd. XIII, S. 94

[203] E. Bierling, Juristische Prinzipienlehre, Bd. 1, Freiburg 1894, S. 107, 112

[204] E. Husserl, Logische Untersuchungen, Bd. 1, Halle 1913, S. 45, 48; W. Jellinek, Gesetz, Gesetzesanwendung und Zweckmäßigkeitserwägung, Tübingen 1913, S. 27f. Auf Jellinek verweist Kelsen selbst (in: Österreichische Zeitschrift für öffentliches Recht, 1966, S. 241). L. Pitamic schildert (in: Verdroß-Festschrift, Wien 1960, S. 209, 216), daß seine eigene Grundnormtheorie ursprünglich von Machs populärwissenschaftlichen Vorlesungen beeinflußt sei, und fügt dann hinzu, daß er jetzt die Grundnorm in der metaphysischen Sphäre der Religion suche.

[205] I. Kant, Metaphysik der Sitten (Meiner), Leipzig 1945, S. 3; Th. Schmalz, Das reine Naturrecht, Königsberg 1792, S. 9

[206] Zum Beispiel C. F. Gerber, System des Deutschen Privatrechts, Jena 1848, S. XVI; K. Bergbohm, Jurisprudenz und Rechtsphilosophie, Leipzig 1892, S. 398

[207] J. Lightwood, The Nature of Positive Law, London 1883, p. 24; E. Roguin, La Règle du Droit, Lausanne 1889, p. 29; F. Weyr, in: Archiv des öffentlichen Rechts, 1908, S. 544

[208] H. Cohen, Ethik des reinen Willens (1904), Berlin 1921, S. 29. Cohen — ein ausgemachter Gegner des historischen Materialismus (S. 254) — hat allerdings noch die Ethik als naturrechtliche Kontrollinstanz für das Recht beibehalten (S. 71).

[209] R. Stammler, Theorie der Rechtswissenschaft, Halle 1911, S. 1ff. Zu Stammler vgl. W. I. Lenin, Briefe, Bd. 1, Berlin 1967, S. 30, G. W. Plechanow, Grundprobleme des Marxismus, Berlin 1958, S. 101ff. und F. Mehring, Gesammelte Schriften, Bd. 13, Berlin 1961, S. 193ff.

[210] Vgl. F. Weyr, in: Gesellschaft — Staat — Recht (Kelsen-Festschrift), Wien 1931, S. 369

[211] C. A. Emge, Über das Grunddogma des philosophischen Relativismus, Gießen 1916, S. 65

[212] E. Kaufmann, Kritik der neukantischen Rechtsphilosophie (1921), in: Gesammelte Schriften, Bd. 3, Göttingen 1960, S. 242

[213] So W. Schönfeld, Die Geschichte der Rechtswissenschaft, Stuttgart 1943, S. 11, 64, 511

[214] K. (= Carlo) Schmid, in: Der Konstanzer Juristentag, Tübingen 1947, S. 17; F. v. Hippel, Die nationalsozialistische Herrschaftsordnung, Tübingen 1947, S. 28; H. Kipp, Staatslehre, Köln 1949, S. 5

[215] H. J. Hirsch, in: Juristische Rundschau, 1966, S. 337; E. Franssen, Positivismus als juristische Strategie, in: Juristenzeitung, 1969, S. 775. Gegen den Vorwurf einer Verantwortung der Positivisten für die Rechtspraxis des Faschismus auch: G. Winkler, Wertbetrachtung im Recht, Wien 1969, S. 19

[216] Vgl. H. Mitteis, in: Kaufmann-Festschrift, Stuttgart 1950 S. 272; R. Smend, ebenda, S. 395; E. Kaufmann, in: Veröffentlichungen der Vereinigung der deutschen Staatsrechtslehrer, Heft 3, Berlin 1927, S. 22; G. Cohn, Existenzialismus und Rechtswissenschaft, Basel 1955, S. 134f.; R. Marcic, in: Die ontologische Begründung des Rechts, Bad Homburg 1965, S. 534; M. Gutzwiller, Elemente der Rechtsidee, Basel 1964, S. 266; A. Hägerström, Inquires into the nature of law, Uppsala 1953, p. 257ff.

[217] E. Wolf, Richtiges Recht im nationalsozialistischen Staat, Freiburg 1934, S. 4ff. Nach der Zerschlagung des Faschismus hat dann dieser Wolf, der natürlich von allem nichts gewußt, den Marxismus als positivistisch verleumdet (in: Große Rechtsdenker, Tübingen 1951, S. 621).

[218] E. Wolf, ebenda, S. 29

[219] So E. Wolf, ebenda, S. 9

[220] H. Kelsen, Allgemeine Staatslehre, Berlin 1925, S. 383; gerichtet gegen Oscar Hertwig, Der Staat als Organismus, Jena 1922 (bes. S. 152ff., 223ff.)

221 H. Kelsen, Der Staat als Integration, Wien 1930, S. 1, 5, 77, 91; gerichtet mit ausschließlich immanenter Kritik gegen R. Smend, Verfassung und Verfassungsrecht, München 1928

222 Wie etwa von E. Sterling, in: Archiv für Rechts- und Sozialphilosophie, 1961, S. 569ff.

223 Vgl. Graubuch: Expansionspolitik und Neonazismus in Westdeutschland, Berlin 1967, S. 206 — Carl Schmitt gab den Brutalitäten der Nazis einen Wissenschaftsanstrich (Der Führer schützt das Recht, in: Deutsche Juristen-Zeitung, 1934, Sp. 945), besonders ihrem Rassismus (in: Das Judentum in der Rechtswissenschaft, Heft 1, Berlin 1936, S. 14f.) und ihrem kriegerischen Eroberungsprogramm (Völkerrechtliche Großraumordnung, Berlin 1939). Die amerikanische Besatzungsmacht inhaftierte ihn, ließ ihn aber unbestraft laufen nach einem Verhör, bei dem Schmitt sich als gerissen, sein Ankläger sich aber als so einfältig erwies, daß man wohl Absicht vermuten muß (vgl. R. Kempner, Das dritte Reich im Kreuzverhör, München 1969, S. 293ff.). Ein Schüler Schmitts gehörte dem Verteidiger-Team Eichmanns an (vgl. H. Arendt, Eichmann in Jerusalem, London 1963, p. 129).

224 C. Schmitt, Verfassungslehre, München 1928 (4. Aufl. (West-) Berlin 1965), S. 22, 76

225 C. Schmitt, Über die drei Arten des rechtswissenschaftlichen Denkens, Hamburg 1934, S. 24. Hier deutet sich bereits der Übergang vom „Dezisionismus" zum „konkreten Ordnungsdenken" an, mit dem C. S. den Eroberungskrieg geopolitisch rechtfertigt, was dann seinen Höhepunkt im „Nomos der Erde" (Köln 1950, S. 298ff.) erreicht hat, nicht mehr braun, sondern bereits US-amerikanisch orientiert.

226 H. Frank, Technik des Staates, Berlin 1942, S. 24

227 Vgl. Das Naturrecht in der politischen Theorie, Wien 1968, S. 148ff.; dazu H. Klenner, in: Staat und Recht, 1965, S. 975f. Für die Aussöhnungsfähigkeit von Rechtspositivismus und Naturrechtslehre auch M. Kriele in: Recht und Politik, 1967, S. 48

228 K. Marx/F. Engels, Werke, Bd. 3, Berlin 1958, S. 26

229 K. Marx/F. Engels, Werke, Bd. 8, Berlin 1959, S. 535

230 So W. I. Lenin, Werke, Bd. 19, Berlin 1962, S. 8

231 So E. Topitsch, Mythos—Philosophie—Politik, Freiburg 1969, S. 9

232 Aufgeworfen von I. S. Shuman, Legal Positivism, Detroit 1963, p. 188. Unglücklicherweise, so meint Shuman (p. 202), machen es einige Schriften Kelsens schwer anzunehmen, daß seine Ansichten zu irgend etwas anderem führen könnten als zu Totalitasrimus. Wieso eigentlich „unglücklicherweise"?

233 So: D. Lloyd, The Idea of Law, London 1966, p. 101, 171

[234] Etwa Th. Viehweg, Was heißt Rechtspositivismus, in: Positivismus als wissenschaftstheoretisches Problem, Mainz 1968, S. 15; realistischer: T. Rasehorn, Die ewige Wiederkehr des Rechtspositivismus, in: Im Namen des Volkes, Neuwied 1968, S. 118ff., und A. Kaufmann, Wozu Rechtsphilosophie heute?, Frankfurt a. M., 1971 S. 26

[235] H. Kelsen, Was ist Reine Rechtslehre, in: Giacometti-Festgabe, Zürich 1953, S. 143f.

[236] So: A. Vonlanthen, zu Hans Kelsens Anschauung über die Rechtsnorm, (West-)Berlin 1965, S. 43

[237] A. Frisch, Realität und Recht, in: Zukunft, 1971, S. 23

[238] H. Kelsen (1933), Aufsätze zur Ideologiekritik, Neuwied 1964, S. 230

[239] L. Feuchtwanger, Der Prozeß von Nürnberg (1945), in: Neue Texte, Berlin 1965, S. 55. Auch dürfte der Gestalt Dr. Heinrodts in Feuchtwangers Roman „Erfolg" (Berlin 1950, S. 208ff.) Radbruch als Vorlage gedient haben.

[240] G. Radbruch, Rechtsphilosophie; Stuttgart 1950, S. 168, 335, 352; Naturrecht oder Rechtspositivismus, Bad Homburg 1966, S. 2

[241] Andere Meinung: K. Opalek — J. Wroblewski, Some Problems of the Contemporary Natural Law Doctrines, in: Co-Existence, 1967, p. 197

[242] Vgl. L. Fuller, Positivism and Fidelity to the Law, in: Harvard Law Review, 1958, p. 630f.; Th. Tsatsos, Zur Problematik des Rechtspositivismus, Stuttgart 1964, S. 28

[243] So E. Schmidt, Gesetz und Richter, Karlsruhe 1952, S. 22. Vgl. auch A. Kaufmann, in: Die ontologische Begründung des Rechts, Bad Homburg 1965, S. 470f.

[244] Vgl. H. Kelsen, in: Giacometti-Festgabe, Zürich 1953, S. 152. Dazu R. Hauser, Norm, Recht und Staat, Überlegungen zu Hans Kelsens Theorie der Reinen Rechtslehre, Wien 1968, S. 163.

[245] K. Marx/F. Engels, Werke, Bd. 3, Berlin 1958, S. 27

Namenverzeichnis

Zur Kritik der bürgerlichen Ideologie

HERAUSGEGEBEN VON MANFRED BUHR

1. ILEANA BAUER / ANITA LIEPERT

Sirenengesang eines Renegaten oder
Die „große Wende“ Roger Garaudys

2. ALEXANDER ABUSCH

Tradition und Gegenwart
des sozialistischen Humanismus

3. WALTER JOPKE

Ideologischer Klassenkampf
und sozialistisches Bewußtsein

4. N. MOTROSCHILOWA / J. SAMOSCHKIN

Marcuses Utopie der Antigesellschaft

5. GERTRAUD KORF

Ausbruch aus dem „Gehäuse der Hörigkeit“?

Kritik der Kulturtheorien Max Webers und Herbert Marcuses

6. JURI DAWYDOW

Die sich selbst negierende Dialektik

Kritik der Musiktheorie Theodor Adornos

7. JOACHIM STREISAND

Kritische Studien zum Erbe der deutschen Klassik

Fichte — W. v. Humboldt — Hegel

8. ANDRÁS GEDÖ

Der entfremdete Marx

Zur existentialistisch-„humanistischen“ Marxismus-Deutung

9. GEORG MENDE

Philosophie und Ideologie

Marxistisch-leninistische Polemik in philosophiehistorischer Bewährungsprobe

10. WILHELM RAIMUND BEYER

Die Sünden der Frankfurter Schule

Ein Beitrag zur Kritik der „Kritischen Theorie"

11. HARALD WESSEL

Philosophie des Stückwerks

Eine Auseinandersetzung mit dem neupositivistischen „kritischen Rationalismus"

12. ANDRÁS GEDÖ / MANFRED BUHR / VLADIMIR RUML

Die philosophische Aktualität des Leninismus / Zur Aktualität der Leninschen Positivismus-Kritik / Positivistische „Philosophie der Wissenschaft" im Lichte der Wissenschaft

13. WILHELM GIRNUS

Von der unbefleckten Empfängnis des Ästhetischen

Zur „Ästhetik" von Georg Lukács / Zweitausend Jahre Verfälschung der aristotelischen „Poetik" / Kunst und Geschichte

15. ROBERT STEIGERWALD

Marxistische Klassenanalyse oder spätbürgerliche Mythen

Lenin-Verfälschung in der BRD / „Links"-revisionistische Sozialismus-Kritik / Bürgerliche Ideologie in linker Verkleidung / Antikommunismus — seine Grundmythen und Grundmechanismen

Erschienen im Akademie-Verlag GmbH, 108 Berlin,
Leipziger Str. 3—4

Umschlag: Willi Bellert
Lizenznummer: 202 · 100/258/72
Herstellung: VEB Druckhaus „Maxim Gorki“ 74 Altenburg
Bestellnummer: 2149/14 · ES 3 B 3
EDV: 752 211 3
Preis: 4,—

FSC
www.fsc.org
MIX
Papier | Fördert gute Waldnutzung
FSC® C083411

Kolibri 360 GmbH
Ferdinand-Jühlke-Straße 7
99095 Erfurt, Deutschland
produktsicherheit@kolibri360.de